わたしは「セロ弾きのゴーシュ」

中村哲が本当に伝えたかったこと

中村 哲
Nakamura Tetsu

NHK出版

わたしは「セロ弾きのゴーシュ」——中村哲が本当に伝えたかったこと

装幀　水戸部功＋北村陽香

はじめに――本書刊行の経緯について

担当編集　加藤　剛

二〇一九年十二月四日に中村哲先生の訃報《ふほう》を聞いてから、二年の月日が経とうとしています。

その間には、アフガニスタンのＮＧＯガフワラ著の絵本『カカ・ムラド――ナカムラのおじさん』（さだまさし他訳、双葉社）や、西日本新聞社刊『希望の一滴――中村哲、アフガン最期の言葉』、そして小社刊『天、共に在り――アフガニスタン三十年の闘い』の英語版 *Providence Was with Us: How a Japanese Doctor Turned the Afghan Desert Green*（ＪＰＩＣ 一般財団法人 出版文化産業振興財団）が出版され、大きな話題となりました。また新聞、テレビ、雑誌などで特集が組まれるなど、今なおたくさんの人が中村先生の死を悼《いた》んでいます。

本書は、その中村先生が一九九六年から二〇〇九年にかけて出演されたＮＨＫ「ラジオ深夜便」の六つの番組に焦点をあて、インタビューを受ける中村先生の肉声を忠実に再現するものです。ご本人が執筆したら、おそらく触れなかったと思われる感慨や本音が随所に表れているところが本書の大きな特長です。自身について多くを語らなかった「医師・中村哲」の心の内を知ることのできる貴重な証言の記録となっています。

周知のとおり、中村先生は一九八四年に医師としてパキスタンに赴任したあと、アフガニスタンの厳しい旱魃《かんばつ》に遭遇し、医療では多くの人の命を救えないことを痛感して、一六〇〇本の井戸を掘り、二五キロ以上に及ぶ用水路を拓き、亡くなられるその時までアフガニスタンで支援活動を続けていました。つないだ人の命は、実に六五万人と言われています。

中村先生が遺された唯一の自伝『天、共に在り』を担当した私が、はじめて先生にお会いしたのは、二〇〇六年二月のことだったと思います。NHK Eテレ「100分de名著」の前身にあたる番組「知るを楽しむ　この人この世界」の語り手として先生の出演が決まり、その番組テキストの担当編集者として福岡へ挨拶にうかがいました。

第一印象は「日に焼けて、エキゾチックな面立《おもだ》ちの小柄なおじさん」というものでしたが、それは先生ご自身も自覚されていたようで、「いやあ、先日パソコンを買おうと家電量販店に行ったら、店員から英語で話しかけられましてね」とにこやかにおっしゃられたときは、その場に居合わせたみんなが声をそろえて大笑いしました。すでに著名でしたが、決して偉ぶることなく、ユーモアを交えて、誰とでも同じ目線で会話をする――それが中村哲という人でした。

このときの番組は二〇〇六年六～七月に「アフガニスタン・命の水を求めて――ある日本人医師の苦闘」というタイトルで放送され、書き下ろしの番組テキストとともに反響を呼びました。そのテキストがやがて『天、共に在り』へと結実するのですが、当初はテキスト発行から二年後に別のかたちで刊行する予定でした。しかし、先生のあまりの忙しさで執筆は滞り、刊行は無期限の延期となり、私も半ば、企画の実現をあきらめかけていました。

ところが二〇一三年四月、中村先生から突然、「企画の件、もしまだ生きているようでしたら、七月までに原稿を送ります」との一報が入ります。そして二か月後、全十二章分が一気にメールで私のもとに届きました。そのときのメール内容を以下にそのまま掲載します（原文は横組み、ルビは引用者）。

大凡《おおよそ》の稿が成りましたので、お送り申し上げます。

7年もお待ちいただいて、恐縮しています。

NHKのテキストは構成が良くできていて、それに加筆修正してみました。

ただ、内容が余《あま》りに多岐、膨大なので、井戸掘りなどは思いきり圧縮しました。

やはり、動きとしては最近のものが大きく、当方の意図は、
1　アフガン旱魃の実態と気候変化の重大さを伝えること
2　アフガンでは河川からの取水方法の改善が生存の術であること
3　技術が自然に従い、折合わせるべきこと
4　自然の恩恵は身近にあるのに、人が自分の造った世界に埋没して気づかないこと
以上を伝えることにあります。

また、この際、小生の考え方がどうして出来ていったかも、少し宗教のことに触れています。

余りに劇的なことばかりを並べると疲れますので、省いたこともたくさんあります。

（中略）

以上、宜しくお願い申し上げます。

この短い文章からでも、中村先生の誠実さや責任感の強さが伝わってくると思います。

その後、数回にわたるやりとりを経て、二〇一三年十月に『天、共に在り』は刊行されました。この本は初版五〇〇〇部のスタートでしたが、この年に中村先生ご自身が福岡アジア文化賞大賞と菊池寛賞を受賞、翌年には同書が城山三郎賞と梅棹忠夫・山と探検文学賞を受賞したことなどもあり、徐々に版を重ね、本の帯は受賞に合わせた文言をそのつど追加するようになっていきました（二〇刷時点の今もその帯を使用しています）。

しかし最近になって、初版時の帯のメインコピーについて尋ねられる機会が増えてきました。そのコピーとは、「道で倒れている人がいたら手を差し伸べる――それは普通のことです」というもので、ＥＣサイトの書影などはこちらを使用していますが、あの言葉の出典は何かと聞かれるようになったのです。

実はあの一文は、『天、共に在り』や中村先生のほかの本に出てくるものではありません。私が何度かうかがった先生の講演会で、会場から必ずといっていいほど出る質問がありました。それは、「なぜ先生は、アフガニスタンで活動しているのですか?」「なぜお医者さんが、井戸を掘って、用水路を拓くのですか?」というものですが、そのたびに先生が口にされるのが、あの言葉だったのです。

帯のコピーを最初に先生にお見せしたとき、先生は「気恥ずかしいので変えてほしい」とおっしゃいました。それを私のほうからお願いするかたちで残していただいたのですが、先生の生き方を端的に表す言葉だったと今も思っています。

そしてそれから八年、中村先生が亡くなられて一年半が経ったころ、NHKのアーカイブスに中村先生が出演されたラジオ番組の音声が残されていることを知り、聴いてみました。そこで改めて心を揺さぶられたのが、本書の書名のもとになった「セロ弾きのゴーシュ」のたとえでした。

宮沢賢治の童話「セロ弾きのゴーシュ」とは、次のような話です(本書の中ほどに全文を掲載しています)。

〈町の楽団でいちばん下手なセロ弾きのゴーシュは、自分の練習があるのに、次々と動物たちから頼まれごとをされて仕方なく相手をしているうちに、とうとう演奏会の日になってしまう。そして、てっきり楽長に叱られると思ったら、意外にも上達していて賞賛を受ける〉

この話が中村先生の活動にどのように結びつくのか。詳細は本編をお読みいただだければと思いますが、「長年の活動の原動力は何でしょうか？」というインタビュアーの問いに対して、先生は自らを「セロ弾きのゴーシュ」の姿に重ね合わせました。

ハンセン病根絶計画から、水源確保事業、空爆下の食糧配給と診療継続、用水路開通まで、遭遇する全ての状況が「天から人への問いかけ」であり、人として最低限守るべきものは何かをゴーシュは示してくれている――。「医師・中村哲」の本当に伝えたかったことを読者の皆様に感じ取ってもらえたら幸いです。

わたしは「セロ弾きのゴーシュ」　目次

主要関連地図

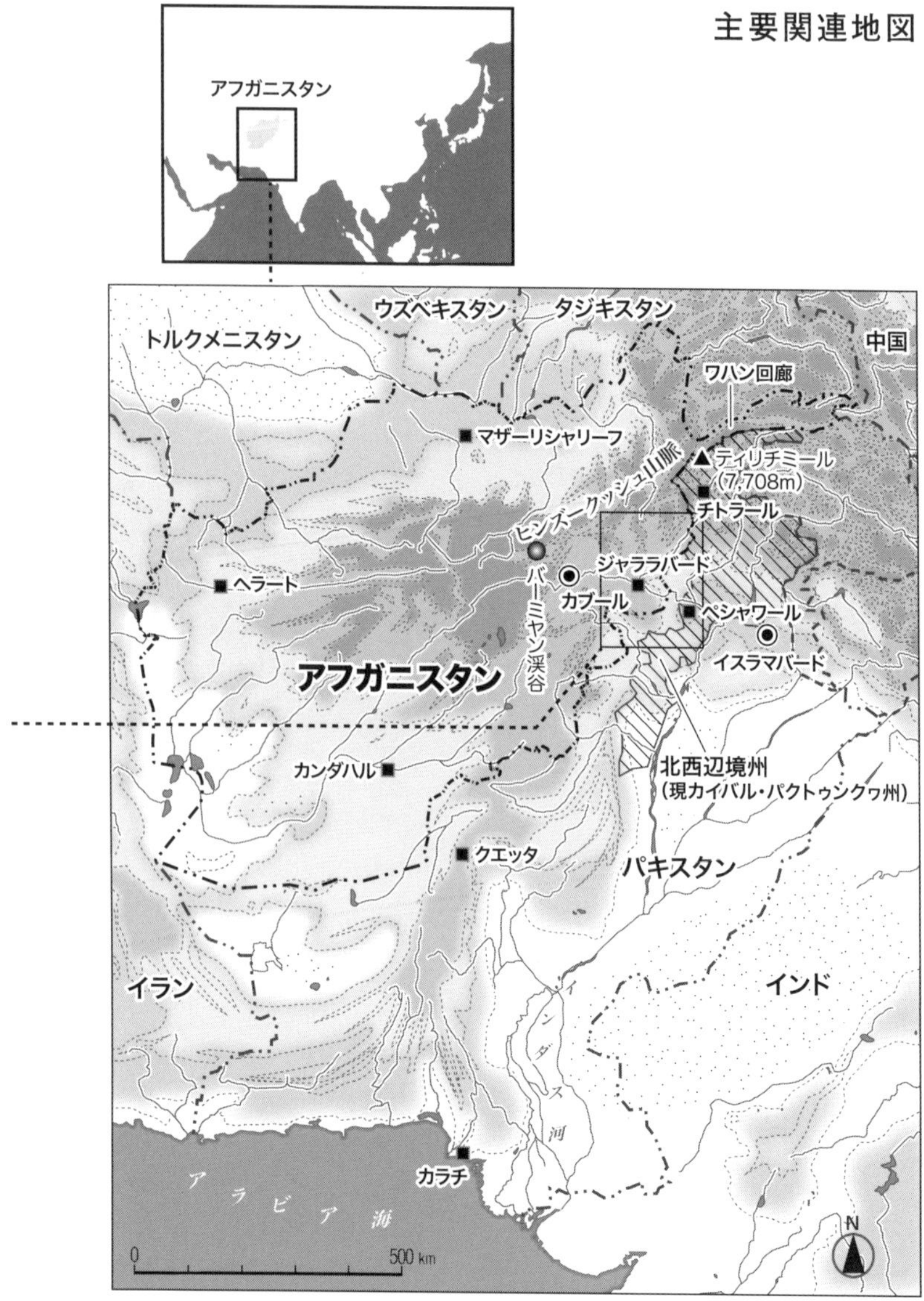

アフガニスタン
ウズベキスタン
タジキスタン
トルクメニスタン
中国
ワハン回廊
マザーリシャリーフ
ティリチミール
(7,708m)
ヒンズークッシュ山脈
チトラール
ジャララバード
ヘラート
バーミヤン渓谷
カブール
ペシャワール
イスラマバード
アフガニスタン
北西辺境州
(現カイバル・パクトゥンクヮ州)
カンダハル
クエッタ
パキスタン
イラン
インド
インダス河
カラチ
アラビア海
0
500 km
N

アフガニスタン
ワマ診療所
ダラエピーチ診療所
クナール河
アスマル
チャガサライ
ケシュマンド山系
ダラエヌール診療所
ジャリババ
ブディアライ村
カブール河
シェイワ
マルワリード用水路
ソルフロッド
ジャラララバード
水源対策事務所
カブール河
ヤンマイレス山脈
パキスタン
アチン
トルハム
カイバル峠
スピンガル山脈
ペシャワール
PMS病院
0
50 km

第一章

ハンセン病根絶を目指して

一九九六年二月二十二日（中村哲49歳）

（※本章は、番組では二回に分けて放送されました。そのため、［前半］と［後半］で質問が重複しているところがあります）

――中村さんは、パキスタン、アフガニスタンで医療協力をなさっているということですけれども、具体的には、現地でどのような活動をしていらっしゃるのでしょうか。

中村　現地スタッフが一五〇名おりまして、パキスタン北部のペシャワールというところを中心にして、主にアフガニスタンの北東部山岳地帯、それからパキスタンの北部国境地帯で、ハンセン病コントロール計画に従事しております。

具体的に言いますと、国境が間にあるものですから二つに分かれておりまして、一つはパキスタン側のＰＬＳ（ペシャワール・レプロシー・サービス）というものと、それから、アフガニスタン側のＪＡＭＳ（ジャパン・アフガン・メディカル・サービス）と、それぞれ、二つに部隊を分けて活動しております。

主にはハンセン病がターゲットと言いますか目的ではありますが、このあたりはほとんどが無医地区の状態でして、ハンセン病だけ診療するのは無理である、それだけではないという地域がほとんどでして、一般的な伝染病、たとえば、腸チフスだとか、コレラだとか、農村に多い病気を一緒に診《み》ながら、ハンセン病は、その伝染病の一部として取り扱うという方針で、現在一五〇名のスタッフが、アフガニスタン、パキスタンに分かれて活動を続けております。

――一五〇人のスタッフというのは、現地の方ですか。

中村　ええ、ほとんどが現地の人たちです。日本人のボランティアもいますが、三名から四名でしょうか。「ペシャワール会」という、わたしたちの活動を支援する目的で結成された会が福岡を中心にして日本側にありまして、現在、三六〇〇名の会員がおります。この人たちの寄付で一億円近く、運転資金の七割以上が募金で成り立っています。ペシャワール会の活動なしに現地の活動もないということで、これも、表には出ませんけれども、非常に大きな支えになっています。

あとでまたお話しすると思いますが、仕事の性質上、これは非常に長く続けなくてはいけない仕事でして、大金をバッと使って、バッとやめるという仕事ではないんです。そのためもありますけれど、わたしたちとしては「貧者《ひんじゃ》の一灯《いっとう》」と言いますか、そういうものを集めまして、末永くやっていこうというふうに思っております。

――ペシャワールというのはどういうところでしょうか。

中村　ペシャワールというのは、ちょうど、パキスタンの北部がアフガニスタンと接するあたりにある国境の町です。緯度で言いますと日本の西日本あたりに相当しますが、国境の町であるがために、非常に複雑な歴史を背負っておるところです。

アフガニスタンの内戦が続く中で、ペシャワールが、ゲリラの根拠地の一つになるということもあった。民族的には事実上アフガニスタンの一部であって、しかし行政的にはパキスタンの一部であるとか、簡単に言いますと、こういう複雑な背景のところです。シルクロードのガンダーラ地方と呼ばれたところで、インド亜大陸から中央アジアに抜ける重要な拠点の一つでして、昔からいろんな民族が出たり入ったりしてきた、そういう複雑な歴史的背景も背負っておるんですね。

一般のだいたい九割以上の人たちは、われわれ日本人の基準で言いますと、貧しいですね。われわれが考えるような一般的な医療は受けられません。というのは、現金収入がほとんどありません。特に農村部に行くと、年間の平均収入がだいたい数千円から、多くて数万円。そこに、わたしたちが考えているような医療を持ち込んでやるということは、まず、できません。

――中村さんがそのような地に根を下ろすようになった因縁をお話しいただけますか。

中村　少し言いづらい面もあるんですが、実は「遊び」で行ったんです。たしか一九七八年だったと思います。ちょうどパミール高原からカラコルム山脈にあたるところ、その一支翼であるヒンズークッシュ山脈という大きな山脈があるんですが、そこへの登山遠征隊の同行医師として行ったのが、始まりでございました。

その頃は、登山隊は必ず医者を付けなくてはいけなかった。わたしもその役目でついていったわけですが、外国の遠征隊が来るというと、病人がワーッと集まってくるんですね。薬は隊員のために取っておかなくてはいけないけれども、見捨てるわけにもいかないということで診ておりましたが、これがやっぱり、薬が足りない。

病人がたくさんいるので聞いてみると、お医者さんなんて、この何十年か見たことがないという地域がほとんどでして、山の奥に行くと、なかにはお医者さんを見るのははじめてだというところもある。やはりこれは、わたしも医療人の端くれですから、何となくわだかまりが残ったわけですね。

そういう機会があればと、どこかで思いながら忘れておったところに、ある医療協力団体から話がきまして。「医者が足りなくて困っているけれども、行ってくれないか」と。「どこですか」と聞くと、かつてわたしが行ったパキスタン北部のペシャワールだった。それで、「いいですよ」と言って、正式に赴任したのが一九八四年でした。そういう経緯がございました。

遊びで行ったことがきっかけになりまして、そういう羽目になったというのはおかしいですが、当時、ハンセン病コントロール五か年計画というのが発足しまして、はじめはそれに参加して、合併症の治療センターをやってくれということで参りました。

ハンセン病根絶計画に参加するまでに、どうするかということでいろいろ選択肢があったわけですが、現地に行きますと、お医者さんはけっこういるんですね。内科医もいるし、外科医もいるし、全くの無医地区ばかりかというとそうでなくて、都市に行きますとたくさんお医者さんがいる。何も外国から行きまして、地元のお医者さんの仕事を取り上げることもなかろうと。それよりも、地元の人たちがしたくてもできないようなことをすべきではなかろうかということもありまして、ハンセン病の根絶計画に参加するということになったわけです。

ペシャワールは、パキスタンの中で北西辺境州（現カイバル・パクトゥンクワ州）という、日本のいわば九州地方のようなものでしょうかね、その州都です。その北西辺境州政府が中心になって、外国のNGOと協力してやろうとしていたその一環として、わたしが赴任したペシャワール・ミッション病院がハンセン病の合併症治療を担当するということで、そこに赴任して活動が始まったわけです。

――ハンセン病というのは、最近は日本では縁遠いものになりましたが、どういう病気なんでしょうか。

中村　これが案外、いまだによく知られていない。らい菌と呼ばれる、結核菌の親戚の細菌によって起きてくる病気でして、主に末梢《まっしょう》神経、それから皮膚、目なんかを侵すんです。しかも、その侵し方が徐々に徐々に侵してくる。皮膚が侵されますから、いろんなできものができたりして見かけが悪くなるとか、目がやられると失明するとか、感覚神経がやられますと、そのためにケガをしてもわからないということで、だんだん手足が変形してきたり、なくなってくる。しかも命は取らないというので、昔から恐れられてきた病気です。

赴任当時、ベッド数が二〇床だったと覚えております。北西辺境州といいましても、九州の倍以上もある広さでして、人口も千数百万人いる。その中で、登録されておる患者がその当時二千数百名、その中で二〇床ですから非常に少ない。

ハンセン病というのは、現在では治る病気でして、早期発見して早期治療をしますと、これは完全に治ります。しかし、いったん神経麻痺なんかを起こしますと、これは治らない。そのために、ただ薬をやるだけではなくて、麻痺を治す手術とか、目のケアとか、いろんな局面があるので、専門的なハンセン病治療の場というのは欠かせない。

そういう合併症の治療を受け持つということで行ったんですが、それにしても、二千数百名に対して二〇床というのは、あまりにお粗末でして。しかも、それまで頑張っていた人には悪いですが、ケガをしてやって来ますと、赤チンを塗って包帯を巻いて帰すだけという、包帯巻きの安宿というのが現実だったようですね。

小さな手術、たとえば、指先を切断するとかいうのはもちろん、まして、われわれ再建外科と言いますが、麻痺した手足をまた動かす手術があるんですね、そういう手術ももちろんなされておりませんでした。パキスタンは日本の倍の面積がある大きな国でして、ペシャワールからはるばるカラチまで患者を送ったりするうちに、麻痺がだんだん進行してしまう。パキスタン北部で発生する患者については、せめて、このペシャワールで何とかしなければということで、手術なども始めたんです。

当時、何もない状態と言っても全くそのとおりでした。ガーゼの消毒なんかも、日本の病院では最近はガス滅菌と言いまして一つずつパックされてきますが、それもない。どうやって消毒していたかというと、金属のボウルの中にガーゼを入れまして、それをオーブントースターに入れて、煙が出ないうちにパッと出す。きつね色に焦げておればこれは消毒済みと、その程度でした。しかも、ピンセットもない。二〇名の入院患者に対して数本のピンセットを共有する。

そんな状況の中から、幸い、これは何とかしなければということでペシャワール会が生まれまして、ただ行くだけでは何もならないと言いますか、仕事ができにくいものですから、器材の輸送だとか調達だとかいうことも目的にして、ペシャワール会が発足する機縁にもなったわけですね。

――中村さんの現地での活動を支援しようという動きが日本国内でできて、その方たちの物心両面の協力が実って、そういう治療なんかも徐々に進んできたということでしょうか。

中村　そうですね。いろんな現地のコントロール計画のつまずきの中で、わたしたちとしては、その治療センターを守るということを崩さずに続けておりまして、現在では四〇名のスタッフをペシャワール会自らが抱えて、手術はもちろん、ハンセン病のいろんな合併症につきましては、うちのＰＬＳ病院に来てもらえれば、たいていの治療はできるようになっております。

――そういう歩みがこの十年ほどあったわけですが、中村さんがその中で特に工夫して、力を入れた治療活動があったらお話しください。

中村　医療協力というと、お医者さんとか看護師さんが白衣で乗り込んでいって、診察したり、あるいは、手術をしたりしている場面が多いんですけど、実は、それはわたしたちの活動のごく一部でして、大部分は、絵にならないところに精力を使ったというのが実情なんです。

いくつか思い出すことを挙げてみますと、一つに「裏傷《うらきず》の予防」というのがありました。裏傷とは、ハンセン病の患者さんに非常に多い合併症で、足の裏の痛みを感じる感覚がなくなるために、釘《くぎ》を踏み抜いてもわからない。普通の人だとマメですむような傷がだんだん昂《こう》じてきて、そこに穴が空いて、そこから骨髄炎とかの合併症を起こして、それがもとで足を切断するという人が少なくなかった。裏傷というのは安静にしておけば治るんですが、再発して戻ってくる、その繰り返しで足をなくしていくと。

しかも、社会生活にも大きな影響を与え、女の人であれば、まあ離婚に近い状態になる。男の人であれば、小作人は村を追われるというようなこともありまして。しかも、行ったり来たりの入院生活で、社会生活が駄目になっていく。

わたしたちが気づいたのは、一つは財政的な問題がありました。というのは、いかに少ない金で、いかにたくさんの数の治療をするかということ。ということになりますと、できき上がった病気を治療するよりも、予防のほうが安くすむ。それから、その人の社会生活に与えるダメージが少ない。

ということで、この裏傷に関して言いますと、サンダルの工房を病院の中に開いたんです。現地で彼らの履いているサンダルを見ますと、これはもう、釘をふんだんに打ち付けたり、針金で繫いだりしてあるひどいもんでして。しかも日本と違って、山の中に行くとほとんど歩く生活です。歩行量が全然違う。そのために裏傷ができやすいというので、「靴ぐらい買い換えなさい」と言うと、「先生はわたしたちの収入がどんなもんか知っていますか」と言う。わたしもわかりませんでしたから聞いてみると、靴一つ買い換えられないんですね。傷のできにくい、足にフィットして、柔らかいスポンジを敷いた靴を使えば裏傷ができにくいですから、じゃあ、そういうものを病院でつくって、安く配布しようということで始めました。

これが意外と役に立ったんです。以前、数か月で舞い戻ってきた患者さんたちが、たとえ再発しても一、二年経ってから戻ってくるようになった。なかには「あれ以来なくなりました」という人もいる。一足四〇〇~五〇〇円の靴でその人の社会生活が守られるという、嘘みたいな話ですが、これが大きな仕事として、目立たないけれども力を発揮したということがございました。

もう一つは、地元の医療機関と手を結びまして、現地のお医者さんに対してハンセン病の早期症状についての知識を広めることをやりました。これも、この十数年経ってやっと効き目を現してきまして、いまでは、早期症状で来る患者さんのうち約七割以上が、「かつて先生の話を聞いたことがある」という地元のお医者さんたちの手によって治療されるようになってきた。これも目立たないようですが、コツコツ続けることで、わたしの口先一つと、安いスライドとプロジェクターでコントロール計画が進んだという、嘘のような本当の話なんですね。派手なアピールではなくて、実質的に第一線で働く人たちに対して、実際的な知識を覚えてもらうというかたちでやりましたので、続いたんでしょうね。

現地に合った、効果のある協力というのは、これはやはり上から、日本の、あるいは援助する側のアイデアで何かを始めるのではなくて、下から上を見ると言いますか、地元にとって「これがいるんだな」「あれはいらないんだな」ということがわかって、少なくとも、外国で立てられたアイデアというのは修正されてやられるべきものだという気がします。往々にして、援助する側が喜んで引き上げたけれども、援助された側は、ただ侮辱《ぶじょく》が残ったということも、名前は出しませんがあったんですね。

日本からのワーカーも、いま申し上げたように、あくまで現地のニーズに合ったワーカーの送り方ということでは、現地で本当に役立った働きをしたことが主に二つありました。

一つは、その土地の文化、あるいは風習に合わせて何かをするということが大事なポイントで、現地でハンセン病のコントロールという立場から非常に厄介《やっかい》なのは、女性を隠す習慣があること。これは厄介でして、女性の患者の発見率がなんと二〇パーセント。これはもうコントロールにならない。お医者さんなら肌ぐらい見られるじゃないかと思いましょうが、そうではないんですね。非常に失礼なことに相当する。顔も見せないという中で、早期症状は皮膚に出てきますから、どうしても女性の患者は女の人が診なくてはいけないということで、看護師さんたちが行かれて、非常に大きな働きをされた。

もう一つは、現地に合った技術ということ。もちろん善意で送られてくるんですが、非常に複雑な器械だとか、高価な器械が送られてくる。ところが、停電に遭うとひとたまりもないですね。現地はむしろ、停電があるのが普通の世界でして、そういうところでは普通に回らない。しかも、日本のようにアフターケアにパッと来てもらえるというわけにはいかない。まず、日本で通用するような医療器械というのは、現地ではあまり役に立たないことが多いんです。

そういう意味で、シルバーボランティアと言いますか、わりとお年の行った方が現地で役に立った。何も物がない時代に、ある物で工夫して何かするというトレーニングが十分できておる人たちでして、こういう人たちが工夫してしたことは、代々、現地で受け継がれて続くんですね。

ところが、いまどきの器械をパッと持ってきて、数か月はですね、みんな、「ああ、よかった、よかった」と喜ぶけれども、それを過ぎるともうあまり使えない。そういう意味では、言葉は悪いけれども、女、年寄りが大活躍したということなんですね。

——そういう活動は、現在に至って続いているわけですね。

中村　ええ。女性ワーカーも、途切れなく二、三名が現地に常駐しておりまして、活躍しております。患者の発見、それから、女性の入院患者のサービスも、彼女らが来まして、非常に向上しました。それから、サンダルワークショップ（工房）も、年間千数百足が生産されておりまして、ほぼ全体に行き渡りつつあります。

現在、登録患者が七〇〇〇名おりまして、ここ十年以内に万単位、数万に達するというのは、もう時間の問題だろうというふうに思っております。その中で、非常に心強い存在として働きはじめたわけです。

――現地スタッフの養成、教育にも非常に力を入れられたというふうに伺いましたけれど、その理由はどういうことでしょうか。

中村　いくつか理由がありますが、一つは、ハンセン病の仕事に携わる医療関係者が非常に少ないんです。それで、自前でトレーニングしなくてはいけないということがありました。もう一つは、対象はその辺のおじさん、おばさんですから、そういう人たちに気軽に話しかけられるような人たちを育てなくてはいけない。現地では往々にして、「どこどこの看護学校を出た」とか、「どこどこの医学部を出た」とかいう人は、特別な階級に属しているような錯覚に陥りまして、なかなか人々の輪に入っていかない。英語を流暢《りゅうちょう》にしゃべるのが一つの社会的なステイタスになるという中で、いわば、下賤《げせん》の仕事と思っているふしがある。

その中で、これはもう自分たちで、自前の教育機関らしきものをつくってやる以外なかろうと。自分たちの郷土と言いますか、自分たちのお国と言いますか、そういうのに愛着がある人たちを連れてきまして、トレーニングを始めて現在に至っておるわけです。

もちろん、医学部を卒業してうちにやって来たという人もおりますけれども、大半の医療スタッフは、そうやって自分たちで育て上げたスタッフたちが、いま百数十名、働いておるということなんですね。

——ある時期から、中村さんの活動が、ペシャワールから国境を越えてアフガニスタン内部での医療協力へと比重が移ったように印象を受けるのですが、それはどういう背景があるわけでしょうか。

中村　それはですね、ご記憶の方もあるかと思いますが、一九七九年にソ連の大部隊一〇万人がアフガニスタンに侵攻いたしました。その後、なんといまに至るまで内戦が続いているんですが、当時は内乱の一番激烈な時期で、しかも、アフガン難民がペシャワール周辺の北西辺境州だけでなんと三〇〇万人に迫りつつあるという中での活動だったんです。

地図に詳しい方はわかるかもしれませんが、北西辺境州は国境沿いにあって、さっき言ったようにアフガニスタンと同じ民族なんです。だから、パキスタン側でいくらコントロールいたしましても、新手の患者たちが次々と国境を越えて現れてくるという状況の中で、わたしたちもアフガニスタンまで進んで手を打たないと、とてもパキスタンの北西辺境州のハンセン病コントロール計画はできないという事情があった。

それで内戦中も準備をしておりましたが、危険な真似はしないというのがわたしたちの方針でして、ともかく内戦はいつか終わるだろうと。カスピ海からペシャワールに至るあたりが事実上一つの文化圏でして、モスクワで起きたことはすぐ伝わってくるんです。どうもソ連そのものが崩壊する時期も遠くないんではないかという憶測さえありまして、われわれは何年でも待とうと。それまで人育てをして待っておいて、難民が帰るあかつきには積極的に打って出ようという方針を採りまして、それを待っておったわけです。

簡単に言いますと、国境は人工的なもので、病気はそれを越えてあるので、われわれも国境を越えて活動せざるを得なかったということなんです。そういうことで、難民が帰り始めた一九九二年頃から、わたしたちは積極的にアフガニスタンの中に入りまして活動を始めたわけです。

それも、ハンセン病だけを診る治療というのは現地ではできない。これは日本の方々にはわかりにくいと思いますが、ハンセン病コントロール計画ということが、いわば医療全体の中ではやや贅沢《ぜいたく》な部分であるんです。贅沢というと語弊《ごへい》がありますが、ハンセン病で死ぬ人はあまりいないということで、どうしても、急性で、死亡率の高い病気に関心がいく。これはまあ仕方がないですね。しかもほとんどが無医地区で、片側でマラリアで死にかけている人を尻目にして、「あなたはハンセン病でないから診ません」というわけにはいかない。

そこで診療対象を広げまして、主には伝染病一般と、一般的な病気も取り扱いながら、ハンセン病もその一つとして診るという方針を打ち出しまして、アフガニスタンの農村の無医地区診療と、山村部の無医地区診療ということで、ハンセン病の多発地帯に診療所を開設するという方針で、次々と活動を拡大していったんです。

――アフガンの難民問題と言いますと、一時、各国から援助、救済というようなことがずいぶんおこなわれたというふうに聞いておりますけれども、その辺のことはどういうふうに見ていらしたんでしょうか。

中村　「難民」という言葉自身が一時的な存在であるということなので、プロジェクトもそうならざるを得ないんでしょうが、いろいろなNGO、なかにはもちろん良心的なところもあるので一概には言えないですが、いろんなエネルギーを話題性があるところに集中するというのが一般的な傾向としてある。ワーッと国内受けするものに飛びついて、ワーッと押しかけて、ワーッと帰るというのが、あまりに多かった。

ソ連軍の撤退が始まった一九八九年に、平和になる、難民は帰るということで、それまで四〇しかなかった難民団体が、なんと二〇〇団体押し寄せてきました。

わたしたちの読みとしては、ソ連軍がたとえ引き上げても内戦は続くだろうと。いまは騒がずに、準備して待っておこうということでしたが、案の定、ほとんど難民は帰らず、九一年の湾岸戦争をきっかけにして、ほとんどの難民帰還のための援助団体が、プロジェクトを縮小、または消滅いたしまして、実質上、何もなくなってしまった。その直後に、なんと皮肉なことに、九二年になりまして自発的に難民が帰っていく動きが始まりまして、誰も援助もなく、なんと三〇〇万人のうちの二〇〇万人の難民が、その一年のうちに帰ったんです。

そういう経緯がありまして、わたしたちとしましては、急性の援助は、それはそれで必要だけれども、もう少し現地の立場に立った支援と言いますか、そういうのがあってもいいのではないかと。難民帰還のために使われた数百億ドルという金は、いったいどこに流れたのかということを考えますと、われわれ複雑な気持ちがいたしますね。

——だいたい十年間の現地での歩みをたどってお話しいただいたわけですが、十年ひと昔を顧みて、何かお感じになることをおっしゃっていただけますか。

中村　そうですね、いろいろ感想はありますけれど、はじめはわたしたちも、これは人助けのためだということで意気込んで行ったけれども、それはそれで健全な動機ではありましょうが、結局ですね、

いろんな人たち、いろんな状況、

日本ではちょっとあまり触れられないような事情に触れまして、

かえってこっちが目を開かれた

ということが多かったんですね。

たとえば、自分も医者の端くれですけれども、自分たちがお医者さんとして患者さんに対して、「こうしてやれば幸せになるだろう」ということが、案外、日本と現地で違うんです。

現地の何もない状態で、人々が不幸せかというと、

案外そうでもない部分がある。部分と言いますか、

日本と日本人が失った幸せというのを、

彼らは持っている。

それから、この良心的な輪が、この十数年の間に、現地でも、小さな協力者まで入れると数千名以上、あるいは、数万名以上が、わたしたちの活動を直接、間接に支えてくれております。日本でもそうでして、ペシャワール会三六〇〇名の会員だけではなくて、その周辺も入れますと膨大な人たちが協力している。それがこういうかたちで、国境を越えて広がりをもっておるというのは、そこに何らかの、見かけの異質さと言いますか、違いを越えて、共通のものを感じざるを得ない。

何かはわかりませんけれども、それでもって、

わたしたち自身が

豊かな気持ちになっておる

ということを感じますね。

［後半］

――改めまして、アフガニスタンでの活動についてお話しください。

中村　先ほど申しましたように、アフガニスタンとパキスタンの北部国境地帯に、ハンセン病の震源地と言いますか、フォーカスがあるものですから、両側からのアプローチが必要なんです。そのために、内戦の終結と言いますか、一段落するのを待って活動が始められたわけですが、現在では、ＪＡＭＳが中心となり、約一〇〇名のスタッフを使いまして、主にヒンズークッシュ山脈、これは一番高いところで七〇〇〇メートル以上の高い山が並んでおるところですが、その中でもハンセン病の多発地帯をねらいまして活動を続けております。

活動が本格化しましたのは、難民が帰りはじめた一九九二年以降ですが、その後、現在三つの診療所を開きまして、これも先に申しましたように、ハンセン病だけでは無理でありますから、ハンセン病もその一つとして診るという方針で一般的な診療をしながら、現在、年間約一七万名の診療がおこなわれております。

はじめは、内戦の中をかいくぐりまして、ダラエヌールというところに診療所第一号を開設したわけですが、その後、次々と山間部の無医地区の中に入っていきまして、現在では、ヌーリスタンと呼ばれる地域全体をカバーするほどにもなっております。「ヌーリスタン」というのは、日本の方々には馴染みがないと思いますけれど、アフガニスタンの中でも、誰も入っていかないような場所です。非常に高地でして、しかも自動車による輸送ができないというので、はじめの頃は、ロバだとか馬を使いまして徒歩で、十数名のスタッフを常駐させて診療体制をつくるということもやりました。

ほとんど外来者を見たことがないという地域でして、さしずめ、日本の中世に相当するような世界なんですね。お医者さんなんて見たことないという人々がほとんどですから、そういう意味で感謝されるということはあります。

それと同時に、ただ自分たちのためになるから感謝するというのではなくて、「こういうところまでよくいらっしゃいましたね」という、一つの驚きの目で見られるというのがあって住民から非常に支持されまして、それを基盤にわたしたちも活動がしやすくなるということで、絶大な信頼を得ております。

――治安の心配はないんでしょうか。

中村　心配は、輸送の途中であります。自動車道で、まだ内戦の余波が続いておるところを通過するときだとか、あるいは、山賊が出没する地域だとかいうのがありまして、われわれも迷惑を被ったことがございます。そういう危険性はあります。しかし、いったん山の中に入りますと、かえってもう、住民の側がわれわれを保護してくれますので、そういう意味での不安はないですね。

――そういう土地での診療の中から、何かお話をご紹介してください。

中村　そうですね。医療関係者なら多少は理解してもらえるかと思いますが、人々の死生観と言いますか、

生きて死ぬということの感覚が、

われわれとどうも違うんですね。

たとえばですね、人が、人一人亡くなりますと、

そこに、どうも言葉では言いにくいですが、

「一人の人が生きて、死んだんだなあ」

という感じがするんですね。

「亡くなったんだなあ」という、

そういう実感が、

非常に身近に感じられるんですね、

向こうにいると。

日本だと、具合が悪くなるとすぐＩＣＵ（集中治療室）ですか、ああいうところに連れていかれて、鼻から管を通す、点滴はする、その中で、いわば密室で死んでいく。生々しい、自分の肉親に触れる死というのがあまりない。

そういう意味でも生々しいけれども、逆に、死ぬことの生々しさというのは、生きておることの感謝と言いますか、喜びと言いますか、それがまた溢れておるという感じで。なかなか、伝わりにくいことがありますが。

たとえば、地雷でよく足を負傷しておいでになる方があります。山の中では、片足ですと、杖《つえ》をつきながらでも人に迷惑をかけずに生活ができる。ところが、両足をなくしますと、たとえ命が助かっても、これは車椅子など使える生活ではありませんので、かえって、この人が生きておるために、一家全体が破滅するということもあり得る。その場合は、わたしたちとしても始めから助けない。

これは日本でするると大変なことになるのでしょうけれども、そっちのほうが親切で、それをみんなも当然と思っている。そういう死生観が違いますので、みんな、死ぬほうも、それを送るほうも、甘んじて受けると言いますか、そういうところもあるんですね。

日本も昔は、「畳の上で死にたい」とかいうことをよく言っておりまして、たしかに、おじいちゃん、おばあちゃんが亡くなるときに、子どもを集めて、遺言を言って、「どうしろ、こうしろ」と言って死んでいく。あの死に方というのが、まだ現地では日常なんです。

そういう、生々しい、

人間が生きて死ぬということが、
非常に直に見える世界と言いますか。

お医者さんがこんなことを言うのはおかしいですけれど、
そういう意味ではですね、

「こういうことだったのか」と、
目を開かれたということもございました。

――命に軽重はないというのが、全く疑ってみることのない価値観ではありますが。

中村 どういう意味で軽重がないかということが問題でして、命に軽重はあります。たとえばですね、「臓器移植についてどう思いますか」とか日本でよく聞かれるんです。わたしはどうも答えようがないですね。一方でそういう世界があり、臓器移植もけっして悪いことではなかろうけれども、その前に、もう一つ考えなくてはいけないことがあるんじゃなかろうかという気がするんです。

やたらに寿命を延ばすことが果たして医療なのかということを、最近つくづく感じるようになってきました。たしかに、長生きするというのもいいことですが、その長生きさせてもらったこの命をどう使うかについては、何も言わない。タイプライターの打ち方を勉強したけれども何を打っていいかわからないというのに似ている。そういうもどかしさとかを感じますね。

向こうでマラリアが大流行したことがございました。われわれペシャワール会は貧乏団体ですから、何万人か死亡する中で、あといくらあるだろうかという計算をしまして、あと何千人助けられるだろうかと、残りの人は気の毒だけど死んでもらわなくちゃいけないということもございました。その中で、臓器移植一つに何億円かかけてやるのは、悪いとは言わないけれども、ちょっと斜めから見たくなるんですね。長生きしてどうするんだということが、率直に言って、そういう感じがするんです。

ペシャワールから、徒歩も入れて一週間ほど入った村の中でしたが、ちょうどわたしたちが山岳地帯の調査をしている途中に、肺炎で死にかけた生後十か月の子どもさんがおりました。診たときは虫の息で、もうこれは駄目だという状態でしたけれども、駄目でも、やっぱり目の前で苦しんでいるから、こちらとしては少しでも楽にしてあげたいということで、何もできませんが、シロップをひと口やって、子どもがニッコリ笑ったということがあった。その子どもは、その晩死にましたけれども、それに対して家の人がみんな出てきて、「ありがとうございました」と言って感謝するんですね。こういう世界もあるんだなというふうに思いましたけれども。

その足で、年末、日本に用事があって帰ってきましたら、まあ、みんな不満に溢れている。不景気になると不平が出てくる。景気がいいときは、困っている人のことなんかあまり頭にない。常に何かでガサガサしているか、不平が多いんですね。

現地で見ると、さっきも言いましたが、死んでいくということを甘んじて受け入れるということは、何も、命を粗末にしていいということではなくて、逆に、生きておるというのは、自分の意志で生きているのでなくて、生かされておるという感謝の気持ちと表裏一体なんですね。

そういう感謝の気持ちが、日本にはあまりない。がんはなくなって当たり前、治療されて当たり前、何かあるとすぐ医療ミスだとか訴訟だとか、そういう、非常にさみしい、みみっちい話が多い。それに比べると、

ものはなかったけれども、

現地のほうがいかばかり

豊かであるかという感じがですね、

せざるを得ないんですね。

それがいいというわけではないんですよ。けれども、何遍《なんべん》も言うように、

人が生きて、死ぬということの意味を、日本人は忘れているんじゃないか

という気がときどきするんですね。

さっきのＩＣＵの話ではありませんけれど、死ぬという生々しさがない。具合が悪くなるとすぐ目の前から消えてしまって、「死にますよ」と言って集まった頃には、あとはみんな心電図を見ている。その器械を眺めて、それがピッと止まった時点で、「ご臨終です」と。あるいは、呼吸器を付けて、脳死がどうのこうのあって、いわば演出された死に方、人工的な死に方、これがあまりに多い。

そういうことで、率直に、日本の人たちに対する疑問が、みんながそうではありませんけれども、一般的な疑問としてそういうことを思いますね。

――それでは、現在のペシャワールでの活動について、お話しいただきたいと思います。パキスタン側では、ＰＬＳが活動の拠点になっているわけですね。

中村　そうですね。先ほど申しましたように、わたしたちの現地活動の振り出しは、ハンセン病のコントロール計画から始まりました。ところが、いろんな事情がありまして、現

地行政の関心がハンセン病についてなくなってしまう中で、数万名予想されるハンセン病患者の治療センターがなくなりそうになった。

ペシャワール会といたしまして、現地に独立した民間組織、社会福祉法人を登録いたしまして、われわれが、最後のハンセン病の患者まで活動を続けるということを現地で誓いましまして、とはいうもののひと区切りを三十年といたしまして、活動を始めました。これが、「ペシャワール・レプロシー・サービス（ＰＬＳ）」という名前で、現在の活動の中心になっております。

実はこのハンセン病というのは、日本での認識とはかなり違っておりまして、現地では増えております。現在では、この北西辺境州だけで七〇〇〇名が登録されていて、最終的に数万名に達するであろうというふうに言われております。一方で、ハンセン病の絶滅宣言が政治的にされたという経緯がある。そのために、行政としてもその資料をもとに動かなくてはいけないので、やむを得ず、活動規模を縮小するということがありました。

行政はわたくしどもには非常に期待していて、よく協力してくれます。全世界で一〇〇〇万人患者がいると数年前まで言われておりましたが、わずか数年で、患者が二〇〇万人に減るということはあり得ない。実際に、現地で見ておりますと、むしろ患者は増えておるという状態の中で、暴露的なことを言って人を倒すのは簡単だけれども、そんなことをすることと結局しわ寄せが来るのは現地の患者さんたちですから、わたしたちはそういうことをせずに、事実と格闘するという気持ちで、増え続ける患者さんの治療の場を、必要な限りは続けようということで、現地の行政とも協力しながらやっているんです。知る人は知っていますから、「頑張ってください」ということで、現地の行政とも非常にうまくいっております。

現在、ＰＬＳは、パキスタン人、アフガニスタン人、それからわれわれ日本人を入れまして、合計約四〇名、先ほど申しましたアフガニスタンのＪＡＭＳの一〇〇名と力を合わせて、国境を挟んで、われわれがパキスタン側から、向こうはアフガン側からということで、活動はますます活発になっております。

――ハンセン病は、人間の病としての難しさと言いますか、医学的、それから社会的な問題があるんでしょうね。

中村　現地では日本ほど徹底した差別というのはありません。むしろ、わたしたちがハンセン病のことをあまりに強調することによって、差別が広がるということもある。そのところを、相手を見てものを言うといいますか、気を付けながらやっていかなくてはいけない。それで、腸チフス、マラリア、あるいは結核といった、ほかの伝染病と組み合わせてやるというのも、その一つの方法だったんです。

もう一つの難しさというのは、治療する側の難しさがありまして。どうしても、特に外国のNGO、あるいは、俗に言う救らい団体が入ってきてやる場合に、なかには評価をされることを急ぐために、誇大な発表をするということがある。WHO（世界保健機関）はそれを集計して発表しますので、さっき言いましたように、一〇〇〇万人の患者が数年にして一挙に五分の一、六分の一に減るというのも、おそらくそういう事情もあったんだと思います。

その中で、われわれが声を大にして、そういうことを罵倒《ばとう》するとですね、今度は共倒れになって患者が治療の場所を失うということがあるので、それは控えて、実質的に、ともかくやろうという。治療する側、される側の、両方の難しさがあるんです。

――そういう中で、いまや、実質的に現地のハンセン病コントロールの医療機関としては中核的な存在になりつつあると。

中村　もうすでになっております。これは嘘のような話ですが、民間の、小さなペシャワール会という団体が、現地で、約三〇〇〇万から四〇〇〇万の人口を対象にして唯一の、ハンセン病の治療の場所と言っても過言ではない存在なんですね。

――先ほどのお話で、最後の患者さんまで継続ということを掲げられましたけれども、実際、それは大変なことですね。

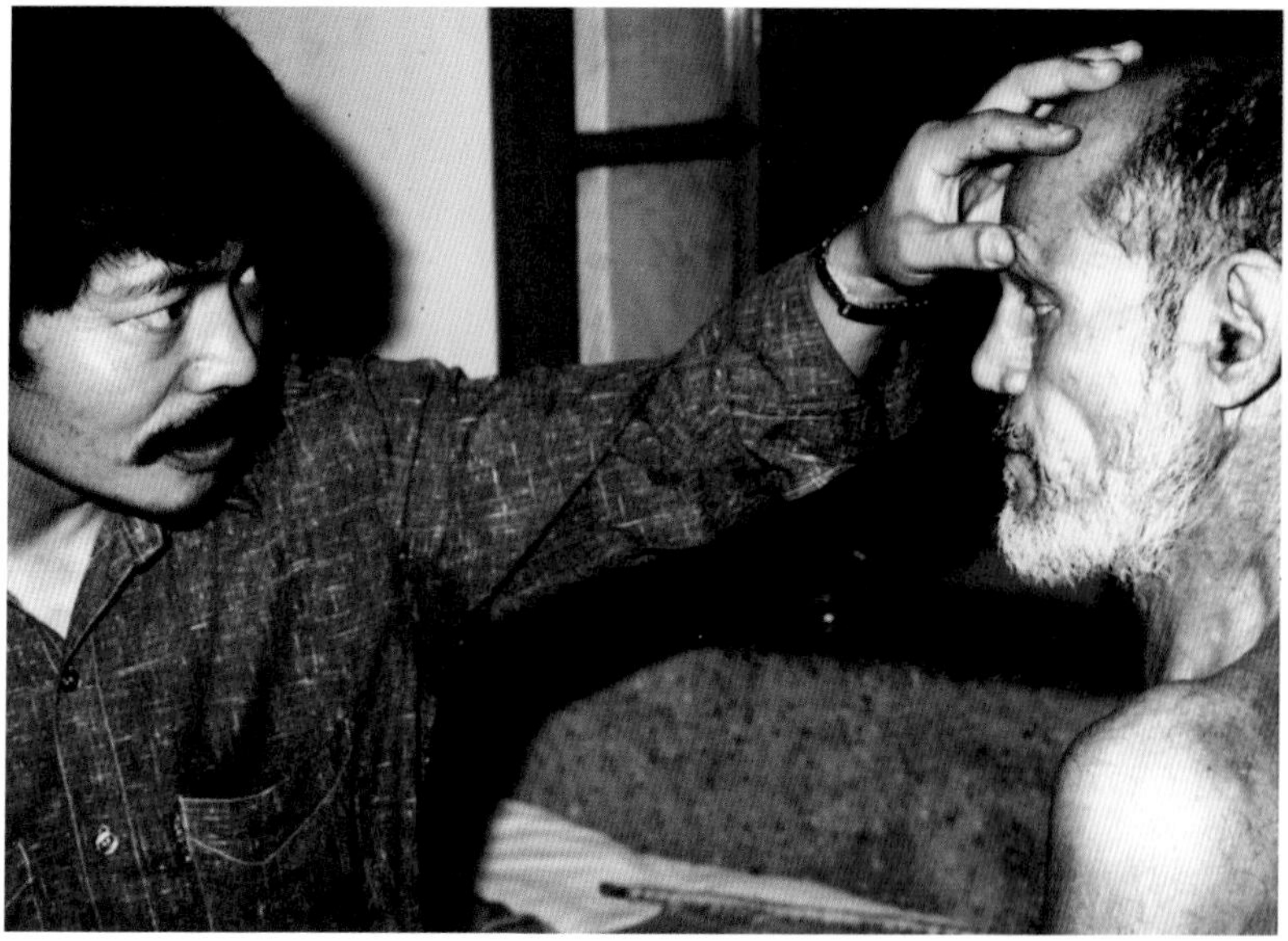

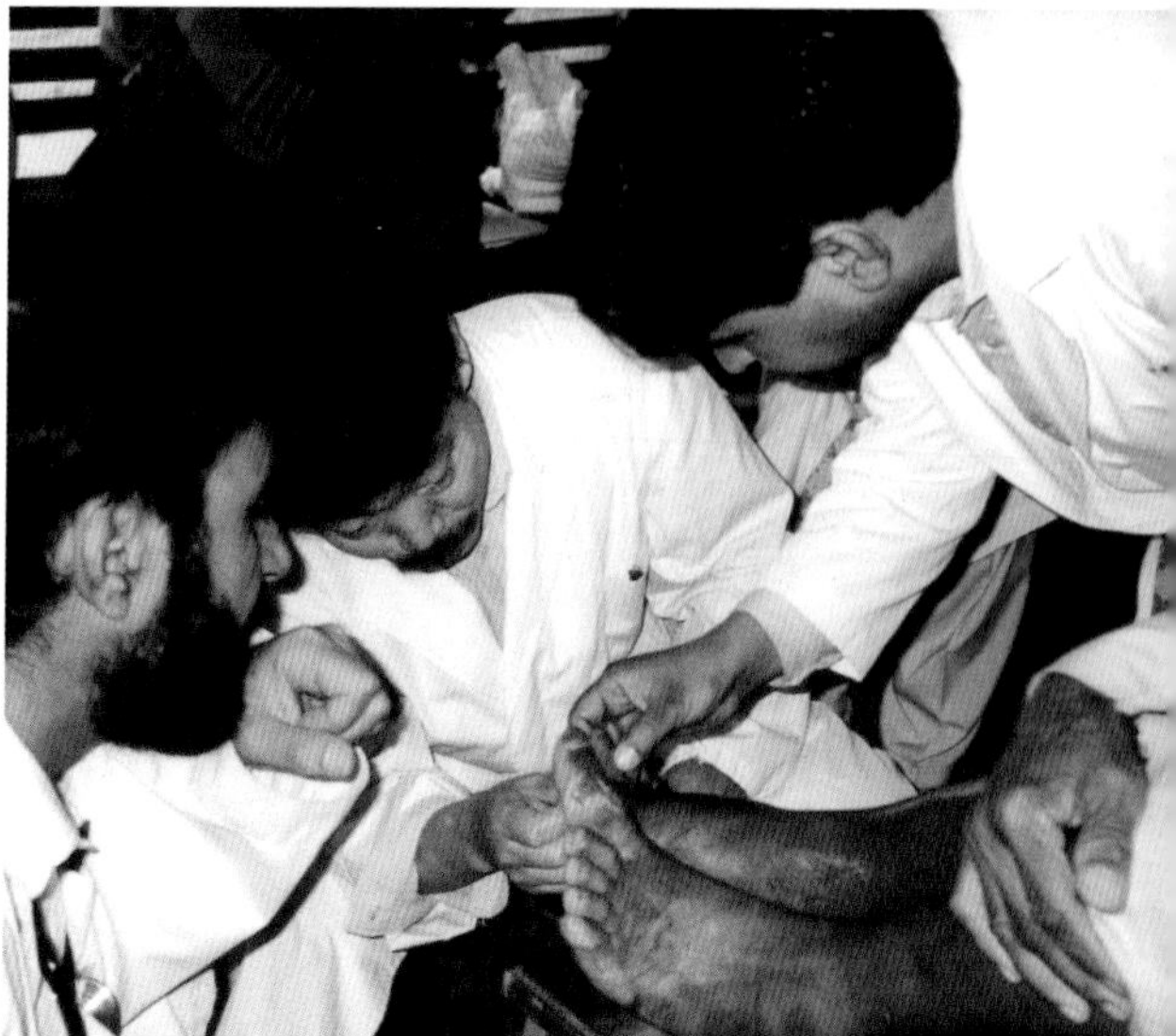

「わたしが赴任したペシャワール・ミッション病院がハンセン病の合併症治療を担当するということで、そこに赴任して活動が始まったわけです」

「国境は人工的なもので、病気はそれを越えてあるので、
われわれも国境を越えて活動せざるを得なかったということなんです。
そういうことで、難民が帰り始めた一九九二年頃から、わたしたちは積極的に
アフガニスタンの中に入りまして活動を始めたわけです」

「はじめは、
内戦の中をかいくぐりまして、
ダラエヌールというところに
診療所第一号を開設したわけですが、
その後、次々と山間部の
無医地区の中に
入っていきまして、
現在では、ヌーリスタンと呼ばれる
地域全体をカバーするほどにも
なっております」

中村　ええ、これは「誓い」といっても悲壮に聞こえますが、わたしたちとしては、長い目で、コツコツと活動する以外ない。これは、現地を知っている方ならよくおわかりでしょうが、ああいう山の中で、歩き回るだけで何十日もかかるようなところで、本格的に根絶計画を目指そうとするのは、非常に大変なんです。ハンセン病をめぐっていろんな、言いにくいけれども、見苦しいことも展開している。それに対する「挑戦」という意味もこめまして、われわれは、やるなら本格的にやろうじゃないかということなんです。

これは、コツコツやれば可能だと思います。何も、ある権威筋が言ったらこうしようだとか、こうすれば儲かるからだとか、そういう人たちではなくて、非常に良心的な人たちが集まってやっておる仕事でして。これをぜひ続けていきたいというふうに思っております。

現地では、ハンセン病はむしろ増え続けているということを強調したい。日本ではいま、六四〇〇から六五〇〇名でしょうか。それに対してですね、かける手間を考えていただくと、何十億円使って。これはお金の問題ではないのかもしれませんけれども、数万名の患者に対してわたしたちのような小さな団体が一手にそれを引き受けておるというのは、少し、あまりにさみしい話ではないかという気もする。

まあ、だからこそわれわれはやろうというわけでして。我も我もというなら、われわれはやらない。誰もやらないから、われわれはやるわけでして。そのプロテストの意味もこめまして、「誓い」という大げさな言葉を使いましたが、そのつもりではあります。

――そのためにはですね、設備を備えた病棟とか、何よりも財源ということが必要になると思いますが。

中村　現在のＰＬＳは四〇床ですが、間借りの所帯なんです。また、家主もそれをいやがって、いつ出て行かざるを得ないかわからないという状態でして。われわれとしては恒久的な不動の基地がいるので、自前で、いま、七〇床の治療センターを建設しつつあります。それを、今後、五十年続くか、百年続くかわからないけれど、五十年後にはわたしは生きていませんので、この治療センターと同時に、次の世代も育てなくてはいけないと。医療教育機関を兼ねる自前のセンターを、現在つくろうとしております。

その新病棟建設に、最低五〇〇〇万円ぐらい要るだろうということで、額を聞くと、われわれ金に縁のないものには大変な額のようですが、わたしたちのペシャワール会自身が貧者の一灯で集まったような集団ですので、一人一人がレンガでも持ち寄るようにやっていけばできるんじゃないかというふうに思って、いま、募金を進めております。

――先ほど、アフガン側のフィールドワークについてお話を伺いましたけれど、パキスタン側でもこういう活動が広がりつつあるわけですね。

中村　ええ、ＰＬＳは社会福祉法人として現地で認められまして、本格的に、いままでのいろんな契約上の束縛から離れまして、自由に動けるようになりました。現在、北西辺境州、パキスタンの一番北側のチトラールというところから、アフガニスタンのワハン回廊、パミール高原にかけて、活動が少しずつ活発化しつつあります。昨年はチトラールに参りまして、ヤルクン河という川がありますが、それを遡ったところに、だいたいの基地建設の目処《めど》を付けて、今年から本格的に動きはじめたというところです。

やっとですね。ＰＬＳの発足をもって、やっと、わたしたちの活動が始まったというふうに感じられるわけですが、その中途でアフガン戦争があって、アフガン問題にタッチせざるを得なかった。それから、パキスタン国内でも、いろんな、政治的な摩擦の中をくぐり抜けて、できないこともたくさんあった。それが、やっといま、そういう障害が取り除かれて、はじめの希望どおりに、本格的な活動が始まったというところでしょうか。

――最初に登山遠征隊に加わった時を初心とすれば、十数年を経て、原点に戻ったと。

中村　そうですね。たまたまですね、パキスタン北部の山岳地帯、ヒンズークッシュ山脈の北部が、わたしがはじめて行ったところです。勘繰る人は、「中村先生は、本当はあそこが好きで、また戻ったんじゃないか」と言うんですけれどね。まあ、半分は本当なんですけれど、実は、仕事の都合で、たまたまそこで働かざるを得なくなったというところなんですね。

しかし、たまたまですね、

ティリチミールというのは一番高い山ですけれども、

それが真向かいに見えるところでですね、

この仕事ができるというのは、

もう、非常にうれしいですね。

患者さんには悪いけれども、

非常にうれしゅうございます。

―― 少し話題は変わりますけれども、現地のスタッフが、パキスタン、アフガニスタン、日本の混成チームという、そういう複雑な、文化的、あるいは政治的な状況にあるところで、チームワークというようなことはうまくいくんでしょうか。

中村 これはですね、これこそ過去の働きの成果と言いますか、さしずめ、中国人と、韓国人と、日本人が一緒にチームをつくったらどうなるかというのに似ていると思います。それ以上のものがあると思います。

その中で、理念という大げさなものではありませんが、ハンセン病に国境がないように、われわれの活動というのも国境がないんだと、これが基本なんです。

それと、平和ということ。どうしても、ああいう混乱した状態になりますと、妙な民族主義が妙なかたちで出てくる。あるいは、違った政治思想が、妙なかたちで、共通の敵をつくるかたちで安っぽい団結をつくろうとする動きがある。われわれは、そういう安っぽい団結というのを排除いたしまして、ともかく、生産的な、前向きの、希望でもって繋ぎ合おうということですね。アフガニスタン、パキスタン、両者とも、実はお互いに国民感情が悪いんですが、これを束ねまして、病気というのはまたがってありますので、これはPLSの一つの方針として貫いております。

これは何とか、いま不思議なことに回っている。敵意を共有するというかたちではなくて、「希望を共有する」ということですね。アフガニスタン側では、この十数年の内戦で、みんな、もう疲れ果ててしまっておる。何百万人の人が死んでいった。

明るいものに対する飢えと言いますかね、そういうのがあるのかもしれない。パキスタン側でも、物価が上がる、内乱がある、暴動があるという中で、政治に対して非常に失望するという状態で、せめて、この世に何か残して死んでいくなら、こんなことをすれば間違いはなかろうという人たちが集まってきておりまして。

うまくチームがまとまっておるということに、

日本の人にはわからないでしょうけれど、

「希望を共有する」ということで、

私は非常に誇りを感じているんですね。

――なぜ、ペシャワールにそうこだわるのか。日本でも問題があるし、働くべきことはあるんじゃないかという声も聞かれるのではないでしょうか。

中村　それは、しょっちゅう聞きますね。特に、去年（一九九五年）のように阪神・淡路大震災があって、日本自身が非常に困った事態になりますと、そういう声が強くなってきます。

しかしですね、これは、たまたまという言い方がいいのか悪いのか知りませんけれど、一つの縁と言いますかね、そこにわたしが、何かの力で結ばれたということでして。

わたしが質問し返すのは、「じゃあ、あなたは結婚してますか」と。「なぜ、いまの奥さんでないと駄目なんですか」と。「女性は人類の半分いるんですよ」と。「それは縁でして」と、そのとおりなんですね。ある人は、縁あって、障害児の教育で働くかもしれない、ある人は日本の離島で働くかもしれない、それと同じように、わたしもそういう縁で、現地で働いておりまして。もう、そうとしか言いようがない。

もちろん、そういう言葉の中には、現地の人情が気に入っただとか、山に登っていって愛着が湧いただとか、そういう機縁はありますが、やはりこれはもう、そうとしか言いようがない。

「日本もけっこう困っているんだ、あんなところに何も好き好んで行かなくても」と言う人はですね、たいてい、日本でも何もしていらっしゃらない方々が多いんですね。わたしたちがペシャワールに関わるというのは、まさに縁としか言いようがないということが、もうほとんどだというのが正直なところだと思います。

わたしたちとしては、末永く現地と関わり続けて、本当に現地に役立つ仕事を積み重ねていきたいと。またそれが、「一隅《いちぐう》を照らす」と言いますが、このごろのテレビのようにチャンネルをパチパチやればいろんなものが観られるというのではなくて、一つの世界を通して、また全体がわかってくるというのがあるのではなかろうかというふうに思っております。

――ペシャワールを知ることは、世界を知ることだということを先生はお書きになっていらっしゃいますけれど（『ペシャワールにて』石風社）、そういうことでしょうか。

中村　そうですね、そういうことなんですね。たいてい、いろんなことに口を出して議論をするのでは、総論は言えるけれども、本当にそのことを知るということにはならないんじゃないかという気がするんですね。

わたしたちは生きる時間が限られていますし、生きる空間も限られています。その中で、何かを知るというのは、これはもちろんほかのことでも言えることでして、一つのことを深く掘り下げていけば、ほかのこともわかってくるという意味で使っております。ペシャワールに行かなければ世界がわからないという意味ではないです。

――それにしても、ペシャワール、それからアフガンの山村無医地区という、あまりにも、いまの日本の現実とは対照的に異なったところだという印象を受けますけれども、現地からいまの日本を見て、お感じになっていることがあったらお話しください。

中村　そうですね、あまり多すぎて、言いにくいんですが。

まずですね、わたしが最近思いますのは、特に、進歩だとか、豊かさだとか、それを追いかけてきて、特に戦後ですね、さらに遡っていきますと明治維新以後ですね、わたしたちが、「こうすれば幸せになる」「こうすれば豊かになる」というものが、一つの結果が出てきておるという感じがするんですね。話があんまり大風呂敷になるかもしれませんが、それの結果がいろんなところで、もう、崩れて、出てきておるという気がしてならない。

逆に、だからペシャワールに惹かれるわけでして。人々の、本当にシンプルな生き方を見て、どっちが豊かかわからないということもあるんです。先に生死の問題を話しましたが、その生き死にの問題にしても、長生きはするようになったけれども、なんのために生きているのかわからないと。こういうのを一つ取ってみても、われわれが考えてきた、進歩だとか、近代化とかいうのが、本当に幸せに繋がるかどうかわからないなという感じが、このごろしてならないんです。

どうも、だまされた気がせんでもないですね。開発、それから経済成長、それがないと食えない世界になっている。だから、みんなを責めようとも思わないですが、それに流されなくては生きていけないような仕組みになっておる、それを切実に感じるんですね。

かといって、「みんなが駄目だから」とも言いたくないんです。それに乗っからないと、もうみんな生きられなくなっているんですね。しかし、せめてそこで開き直って、「仕方がねえじゃねえか」と言うのではなくて、矛盾は矛盾として引き受ける、ナイーブな心というのでしょうか、それをやっぱり持ってほしいという感じがします。

なかには、「じゃあ、お前、どうやって飯食っていくんだ」と言って責める人がいる。そうじゃなくて、嘘は嘘だと。しかし、その嘘に乗っからないと生きていけない人たちの矛盾とでも言いますかね。宮沢賢治が、動物を食べるのに涙を流しながら食べたという話がありますが、われわれも肉を食わないと、魚を食わないと生き延びられないわけで、それは、矛盾は矛盾として引き受ける。そういうナイーブな気持ちがいるのではないかという感じがいたします。

――お聞きしたハンセン病との戦いは、非常に息の長い、大変な事業だと思いますけれども、勇気がくじけて暗くなるということもあるのではないかと思います。

中村　はい、これはですね、そういうこともあるかもしれませんが、一方で、

この日本の中で、そういう希望が持てるというのは、

非常に幸せなことだという気もするんですね。

たしかに、この仕事をする上で、

小さいこと、大きいこと、

いろんな苦労がないことはありません。

しかし、その中でも

苦労のしがいがあるとでも言いますかね。

それを持てるというのは、いまどき、

わりと少ないほうではないかと思うんですね。

そういう意味ではですね、

わたしは、まあ、

実は幸せに思っております。

第二章

もの言わぬ民の命を

二〇〇二年二月十六日（中村哲55歳）

――二〇〇一年九月のニューヨーク同時多発テロ後、アメリカ、イギリス軍によるアフガニスタンへの大規模空爆が始まりました。中村さんは、その空爆後のアフガニスタンに、今年（二〇〇二年）になってからお入りになったのですね。

中村　そうですね、今年の一月六日だったと思います。

――アフガニスタンのどこに入られたのですか。

中村　ジャララバードというところです。ここはわたしたちの拠点になっていまして、いままでの医療計画、それから水源確保計画、旱魃《かんばつ》対策も、ジャララバードを基点としておこなわれてきました。

――ジャララバードというのは、中村さんが基地にしていらっしゃるパキスタンのペシャワールからカイバル峠を越えて入った、アフガニスタンの国境に近いところですね。

中村　国境から約二時間半のところですけれども、ここは、アフガニスタン東部では一番重要な、大きな町です。旱魃も最もひどかった地区の一つです。

――ジャララバードは、空爆の影響はどうですか。

中村　ジャララバード市内はほとんどやられていなくて、主に山間部、それから田舎のほう、何でもない村が、タリバンをかくまっているということでやられたということはありましたが、市内そのものはほとんど破壊はなかったようですね。

――中村さんはアフガニスタンのカブールに五か所、それから東部に三か所、診療所をつくっていらっしゃいますね。そういったところの空爆による影響というのはどうだったんですか。

中村　東部の診療所は、これはもうすごく山の中ですから、むしろ難民が逃げ込んできたぐらいで安泰でした。カブールのほうが最も激しくて、診療所は直撃は受けていませんが、近辺がやられて建物が瓦解《がかい》したというところはいくつかありました。

――そういう空爆後のアフガニスタンの人たちと直接触れ合って、中村さんが受けた印象、住民の人たちの受けた衝撃という点ではどうですか。

中村　問題になっていたのは治安の乱れですね。タリバン政権の良し悪しはともかく、住民が一番感謝していたのは治安がよかったということ。おそらく、アフガニスタンが、この空爆前までは世界で一番治安のいい国だったというのは、皆さん、知られていないと思うんです。それがいま、夜盗、強盗の巣窟《そうくつ》になってしまった。

一番困っているのは、食糧輸送が滞って、飢えた人のところに届かないということで、相当な犠牲者が、この冬出るだろうと言われています。

——その夜盗、強盗というのは、タリバン時代は鳴りを潜めていた人たちで。

中村　そうですね、タリバンの規制が厳しいということもありまして、タリバン時代は、もう極めて治安はよかったですね。

——それがいまは、非常に治安の不安定な状態が続いていると。

中村　わたしが行った直後も、アメリカ兵が狙撃されて死んだり、外国人のジャーナリストが四名殺されたりとかいうことがあったようですね。

——話は十数年前に遡るんですが、一九八四年、中村さんが三十八歳のときに、パキスタンのペシャワールにお医者さんとしていらっしゃいますね。三十八歳の青年医としては、その決意というのはどういうことだったんですか。

中村　一九七八年、福岡の山岳会のヒンズークッシュ遠征隊に、登山隊付きの医師として参加して、その後、あの地域をウロウロしていたと言いますか、旅して回っていたことがあったんで馴染み深かったところに、ある団体から「ペシャワールで働いてくれないか」という話があって、「あそこは知っていますから」と。わたし、好きだったんですね、あそこが。それで行ったというのが真相です。

——ペシャワールはパキスタン北西辺境州の州都になるわけですね。そのペシャワールという町の、中村さんにとっての魅力というのは、どういうところだったんですか。

中村　山がきれいだし、それから何よりも、職業人として働きがいがあると言えばかっこういいですけれども、まともに医療の恩恵に浴さない人たちが、たくさんいるわけですね。その中で、自己満足かもしれませんけれども、そこで働くのは、やりがいのある仕事じゃないかという気持ちも多少ありました。

そういう気持ちで行ったところが、けっこうお医者さんがいるんですね、現地に。内科だとか、外科だとか。むしろ失業するぐらい町の中にはいる。

ところが田舎のほうに行くと、誰も行き手がいない。それから、ハンセン病の分野では、パキスタン全土で地元のお医者さんが二人しかいないという状態の中で、じゃあ外国人としてできることは何かというふうに思うと、やっぱり、彼らがやりたくてもできないことをするのが協力じゃないかということで、ハンセン病のほうに力を注ぐようになったわけです。

――ハンセン病は、中村さんにとっては、日本におられたときからの自分の医療の領域だったんですか。

中村　いや、わたしは神経科ですから、はじめは全く専門外でしたけれども、行って身に付けたと、技術を身に付けたというのが正しいでしょうね。

――当時、ハンセン病は相当広がっていたのですか。

中村　ハンセン病は少なくなっているように世界的に言われていますけれども、実態は、地域差がかなりあるんでしょうね。現地では、いまだに増え続けています。わたしが行った当時で、パキスタン全土で登録患者が二万五〇〇〇名と言われ、北西辺境州では二四〇〇名だった。現在は七〇〇〇名を超えていまして、やがて万単位になるのはもう確実です。

――増え続けているというのは、対策がきちっと打たれていないということなんですか。

中村　というかですね、わたしが想像するのは、実際に患者さんはいるんだけれど、治療を受けていないと言いますか、お医者さんのところに来ないもんですから、数として入れられていない。たまたま治療に来ると、患者さんとして登録されて、その数の中に入るということじゃないかと思います。

――潜在的な患者さんが顕在化してくるというか。

中村　そういうことだろうと思います。しかも、感染は増え続けていると思います。それから再発ですね。いったん治ったと言われて、薬をやめて、また再発するという、まるでモグラ叩きのような状態ですね。

――一九八四年にパキスタンのペシャワールの病院にいらして、さらに二年後、一九八六年には、アフガニスタンの難民のための医療チームを結成しておられますね。

中村　はい。現地の地理的な関係をご覧になるとわかると思いますが、パキスタンの北西辺境州は、実質的には、民族も同じ、文化も同じということでアフガニスタンとひとかたまりなんです。植民地時代の経緯で、パキスタンが誕生したときにパキスタンに組み込まれたということで、文化的にはほとんどアフガニスタンと同じです。

だから、わたしたちとしては、アフガニスタンのハンセン病がなくならない限り、北西辺境州でのハンセン病もなくならないだろうということで、アフガニスタンのほうに引き寄せられていったというのが本当です。パキスタン側だけで扱っていてもどうにもならないと。根元から断つにはアフガニスタンのほうに手をつけざるを得ないということが、大きな動機であったわけです。

――そしてさらに、ペシャワールにいらしてから十四年後の一九九八年、いまから四年前になりますが、そのペシャワールに、基地病院としてＰＭＳ（ペシャワール会医療サービス）という病院を建設されました。新たに、ご自分の病院を建設された意図というのはどういうことだったんですか。

中村　ハンセン病というのは非常に長い時間がかかり、いろいろ障害のある方は一生ケアが必要なわけですね。ところが、ああいう貧しい国では、外国援助が打ち切られますと、それは即、コントロール計画の廃止ということになってきたわけです。ともかく、小さくてもいいから、ハンセン病を診られる専門施設が極めて長期にわたってその地になければいけないと。

ちょっと何か問題があったから、ワッとやって、五、六年ですむという問題じゃないんです。これは何十年もかかるだろうと。あるいは、何世紀もかかるだろうと。それならば、ここで長期体制を組むべきだということで、四年前に基地病院をつくりまして、ペシャワール会独自で社会福祉法人として現地に定着するという戦略を採って、先の数十年に備えるという体制を取ったわけですね。

——ＰＭＳには、お医者さんはいま何人ぐらいいらっしゃるんですか。

中村 合計、約三〇名。ただ、診療所が一〇か所ありますから、一〇人は常に出払っているわけです。だから、残る二〇名以下で病院は回されています。

——看護師さんとか、医療スタッフの人とか、職員はどれぐらいいるんですか。

中村 約二〇〇名ですね。日本人は、医療スタッフが現在、三、四名、それから、一般の事務を入れますと六名おります。

——ということは、ほとんどはパキスタン人ですか。

中村 アフガン人が圧倒的に多くて、約八割ですね。ペシャワールはパキスタンですが、現在、アフガニスタンの医療関係者はほとんどペシャワールに逃れてきておるというのが実情でして。しかも、われわれの活動地域が、だいたいそれに見合ったぐらいの比重でアフガニスタンに置かれている。やって来る患者さんも、約半分以上がアフガン人ですから、これはまあ、数としてはちょうどいいバランスだと思います。

――そういう中村さんたちのパキスタン、それからアフガニスタンでの医療活動を支えているのが、福岡に本部があるペシャワール会ですよね。このペシャワール会という組織はどういう組織なんですか。

中村　簡単に言いますと、わたしが一九八四年に現地に行くときに、「頑張ってちょうだい」ということでできた会です。はじめは、一九八三年に設立された「頑張ってちょうだい」というクラブでしたが、現地に行ってみて、絶対的に医療器具なんかは不足している。金や物ではないとは言いますけれども、最低限の物は必要なわけで、これを何とかサポートしようと。

わたし自身はよそから給料をもらって行っていましたけれども、主に、医療活動の募金団体として発足したというのが正しいところでしょうね。

病院の建設、薬剤の購入、病院の維持運営、これは全てペシャワール会の寄付によるものです。人件費を含めて、約八五パーセントが寄付によるもので、一五パーセントが郵政省のボランティア基金によって賄《まかな》われていて、年間、設備投資を入れると約一億円前後で運営されています。

——コンスタントに寄付を集めてペシャワールに送る、それだけでも大変なことですね。

中村　わたしは正直、はじめは「できるのかな」と。本人がこんなことを言っては何ですけれども、正直できるのかなと思いました。けれども、日本の側にもいるところには人がいるもので、良心的に「何か自分も一肌脱ぎたい」という人がたくさんおられるんですね。そういう人が集まって、こういう不思議な会ができておるということでしょうかね。

——中村さんは、『医者　井戸を掘る』（石風社）という本を出していらっしゃいますけれど、二〇〇〇年の六月から、アフガニスタンは大旱魃なんですね。

中村　ええ、意外とみんな知らないんですね。二〇〇〇年の五月から六月にかけて、国連機関はさかんにそのことを世界にアピールしたんですよ。ところが、あまり大きな話題にならなかったというのが真相ですね。

これはものすごい規模のもので、中央アジア一帯、ユーラシア大陸のど真ん中に、とてつもない大旱魃が進行している。その中でアフガニスタンが最も激しくて、一二〇〇万人が被災して、四〇〇万人が飢餓《きが》線上にあって、一〇〇万人が餓死線上にあるという発表があった。それに対して、ほとんど、国際社会の反応は乏しかったというのが実態だと思います。

——それは、その前の冬に雪があまり降らなかったということですか。

中村　これはですね、山岳会の人々も印象を伝えていまして、年々雪が少なくなってくると。地球温暖化ですね。降雨量が減るというだけではなくて、積もった雪が根雪《ねゆき》として残らない。アフガニスタンからパキスタンの北部にかけては山の国ですけれども、あの地域の農業の源というのは山の雪です。これが夏に解け出して、豊かな恵みを、人間だとか、動物だとか、植物だとかに提供するというのが、何万年か知りませんけれど、続いてきたわけですね。それがいま、大異変を起こしつつある。貯水槽が涸れつつあるという、大変なことが起きているわけですね。

このまま行きますと、最悪の想定では、相当の砂漠化が起こるであろうと。つまり、いままでそこで暮らしてきた人の物理的な空間そのものが消滅するであろうということが、十分予想されるわけですね。

しかしそういっても、そこで生きている人たちは必死ですから、われわれとしては、ともかく、いまやれることをやろうということで、必死であったわけですね。

――そして、井戸を掘ろうと。この、井戸を掘るという発想はどういうところから来たんですか。

中村　これはですね、二〇〇〇年の夏頃から赤痢の大流行があって、子どもが相当命を落とした。子どもだけじゃなくて大人もそうですけれども、半分以上は子どもだった。診療所付近の人たちが、うちに水をもらいに来る状態でした。

　井戸水が涸れる、旱魃で作物が採れないというだけではなくて、飲み水もなくなってくるという状態でした。普通、家畜が死ぬ段階で農民は村を離れる。次々と廃村が広がっていったわけですね。

　わたしたちとしては、まず、病気の予防という意味から始まって、ともかく水がないことには人間生きておれませんから。食べ物がなくても数週間は生き延びられますけれども、水がないと二十四時間と生きられない。だから、まず水だということで、総動員して清潔な飲料水を確保するということを始めたのが、二〇〇〇年の七月だったですね。

――でも、中村さんはお医者さんですから、井戸を掘る技術なんて、当然持っていないですよね。

中村　ええ、しかしですね、人がいるところには、必ず何らかのかたちで飲料水というのはある。だから、その地域に根ざした井戸掘り技術だとか、そういうのは十分あるわけで。総動員して掘るといっても、ツルハシ、シャベルが主でして、困難なところをちょっと助けるということで事が進んでいったわけですね。

――日本から、井戸を掘る専門家も呼んだそうですね。

中村　「風の学校」というところから専門家に来ていただきました。「風の学校」というのは、その土地にある技術でなるべく掘るというのが鉄則なんです。これが非常に効き目がありました。たとえば、現地の地層で掘りあぐねていたほとんどのところは、大きな石が出てくる。自動車ぐらいの大きさの石があったりする。その場合、ツルハシでは歯が立たないわけでして。そのときは、火薬を使ってこれを爆破して、発破《はっぱ》をかけて切り崩して掘り進むだとか、そういうちょっとした技術の改良、工夫を重ねて、次々と作業地を広げていったわけです。

今年の一月にわたしが行った時点で、アフガニスタンの作業地が約六七〇か所、そのうち、水源が利用可能なものが約六〇〇か所です。そのうち完成ということでポンプを装着したのが、約五〇〇か所ということでした。

――それだけの井戸を掘った結果、どういう状況が生まれたのでしょうか。

中村　わたしたちの推定では、村の数、家族数から割り出した計算では、約三〇万人の人々が、その水によって村を離れずに済んでおると。なかには、飲料水だけではなくて、カレーズという、現地の伝統的な地下水を導き出す技術があるんですね、そのカレーズの復旧工事を本格的にやって、ある渓谷なんかでは、いったん砂漠化したところがまた緑化されまして、小麦の作付けぐらいはできるようになったというところも現れて、約一万人以上が帰ってくるということもあったわけですね。

――総計で三〇万ぐらいの人たちが村を離れずに済む、あるいは、離れた人もまた戻ってくるというような状況を、本の中で中村さんは、「この十七年で最大の壮挙だ」と。

中村　ええ、わたしはですね、人からほめてもらおうと思ったことはほとんどありませんけれども、これだけはほめてほしかったですね。井戸水、飲料水ならともかく、あれだけの作業で、一万人の人が、緑化の結果戻ってきたというのは、やはり、感動的でしたね。

――中村さん自身、アフガニスタンの人との交流の中で忘れられない出来事がたくさんあるのでしょう。

中村　一般的に言って、

現地はですね、いい意味でも、悪い意味でも、この、

人間がむき出しに見えるところなんですね。

まあ、そういうところが

魅力といえば魅力なんでしょうかね。

挙げるとすれば、たしかに貧しいですけれども、

あれだけ飢饉はある、水はないという中で、
みんながくよくよしているかというと、
ちっともそうは見えないんですね。
むしろ、
日本人のほうがくよくよしている。
その明るさはどこから来るんだろうかと。
どこへ行っても
「これは神の思し召しだから我慢しなきゃ」
ということで、それは正しいかどうかは別として、ある種の、
持たない人の明るさと言いますか、

そういうのがあるんですね。　それと、

情の濃さ、人のよさというのがあってですね、

これがなかなかの魅力なんですね。

日本人も昔はあったんでしょうけれども、不景気といったってね、餓死者が出ているわけじゃないし、そんな不景気な顔をしなくたってと思うんですけれどね。

そういうことを考えますと、そうですね、

ものを持たない人の、

生身の人間の姿とでも言いますかね、

そういう心のようなものを感じますよね。

それが魅力といえば魅力でしょうね。

たとえば、山の中へ行きますと、客人は必ずもてなすという、これは掟《おきて》ですけれども。みんな、当然のようにしてもてなすんです。

昔、山の中に帽子を忘れてきたことがあった。安物の帽子でしたけれどね。そこは二週間ぐらいかけないと入れない山の中だった。ところが、その帽子が届けられてくるとかね、そういう真正直さというのはある。それは、町とか村でずいぶん違いますし、町の中でもいろんな人がおりますけれども、一般的にそういう気風であるわけですね。

――でも、どうしてそんな、情の濃さ、人のよさという気風のあるところで、二十年間も内戦が続くんでしょう。

中村　そこが矛盾するところで、その情の濃い分だけ、身内で固まりやすい。それから、対立、闘争も、同時に気風であるわけですね。そうしながらまとまりをつくってきたというのが実態でありまして。

本当、どうして戦うんですかね。その辺は私もよくわかりませんが、それが人間の不条理というものではないかと。昨日までこっちに銃口を向けていた人が、家に招かれると、いい親父さん、いいお兄さんなんですね。身内の間では非常に、極めてまっとうな家庭人でありながら、その家庭を守るために、よそでは戦わざるを得ないと、こういうことも起きてくるわけですね。

だから、

わたし自身、それに対する答えはありませんけれども、これはやっぱり、

人間につきまとう本源的なものではないかと。

それも含めてですね、わたしはそこで、

むき出しの人間と言いましたが、

そういうことに魅力を感じるわけですね。

――そういう状況の中で、去年(二〇〇一年)の九月十一日という日を迎えるわけですね。ニューヨークで同時多発テロがあって、それ以後の、アメリカ、イギリス軍によるアフガニスタン空爆。オサマ・ビンラディンをかくまっているということで空爆されるわけですが。このアメリカの報復攻撃で、アフガニスタンの民衆が受けたさまざまな、もちろん人命を含めての影響があるんですが、中村さんからご覧になって、この空爆の影響というのは、どんなふうにとらえていらっしゃいますか。

中村 これはもう決定的でしたね。決定的というのは、単に死者が四〇〇〇人を超えたと

いうだけではなくて、この時期にああいうことをやりますと、餓死者が相当出るだろうというのは、アフガニスタンの事情を知っている人なら誰もが思ったことなんです。で、そのとおりになりまして。

カブールが陥落する。たしかに、カブール市内で、ごく一部の、何パーセントか知りませんけれども、人々はブルカを脱いで歩けるようになった。その代償は、一〇〇万人の餓死者だったということですね。そこまでして何を守りたいのかと。人権というのは何なのかというのを考えさせられましたね。

この空爆の影響は、たしかに、空爆そのもので、被害を受けて死んだり怪我《けが》をしたりした人々、これもたくさん、数千名おりますけれども、それだけではなくて、それに続く政治混乱、無政府状態という中で食糧輸送が滞って、餓死したという人を入れますと、おそらく膨大な人々がすでに死んだでしょうね。おそらくこれは、あとになってわかると思いますけれど、ああいう暴力的な報復をした、その行為に対して、あるいは、協力した人々も含めて、夢見の悪い思いをするのではないでしょうかね。

――国際的な世論は、テロに対しては戦わなければいけないと。今回のニューヨークの同時多発テロで言えば、オサマ・ビンラディンが背後にいるとアメリカは言う。そのビンラディンをかねてからかくまっていると言われているタリバン政権に対して攻撃するのは、これはもうやむを得ないことじゃないかという、日本の国内でも、あるいは、国際的にも世論ができましたね。

中村　「国際世論」というのを、われわれは何気なく使っていますけれども、果たしてそれは何なのかと、わたしはこのごろ、特にこの事件があって以来思うんです。やはりそれは、豊かな国の人々の意見、立場と、国際的な立場ということであって、人々の声は、けっしてそれに反映されることはないというのは、特に、この一連のテロ事件から、日本の対応、いわゆる国際社会の対応を見てそう思いましたね。

一般の民衆は、九九パーセント英語がしゃべれないわけでして、外国人と接する機会というのはほとんどない。教育も、教育という定義がまた問題ですけれども、いわゆる英語がしゃべれるような教育は受けていない。ごくひと握りの、現地では、一般の民衆から見ると雲の上のような人が、外国に難民と称して流れてくる。こういう人たちの意見が主に取り上げられるという奇妙なことがあったわけですね。

国際世論も、上流の人々は、日本人以上に西欧化していますから、その意見が聞き入れられやすいということなんでしょうね。

——　アフガニスタンの、階層として上の人たちが海外に流れていって、ということですね。

「二〇〇〇年の夏頃から
赤痢の大流行があって、
子どもが相当命を落とした。
子どもだけじゃなくて
大人もそうですけれども、
半分以上は子どもだった。
診療所付近の人たちが、
うちに水をもらいに来る状態でした」

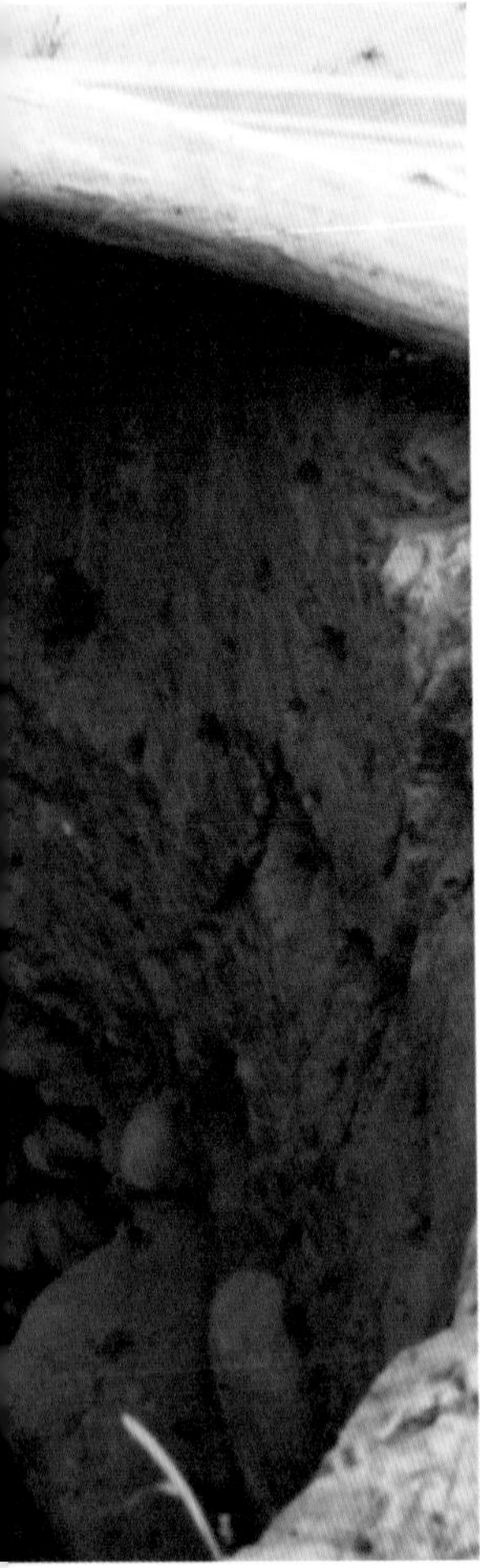

「わたしたちとしては、まず、病気の予防という意味から始まって、
ともかく水がないことには人間生きておれませんから。
食べ物がなくても数週間は生き延びられますけれども、
水がないと二十四時間と生きられない。
だから、まず水だということで、
総動員して清潔な飲料水を確保するということを始めたのが、
二〇〇〇年の七月だったですね」

「わたしはですね、
人からほめてもらおうと思ったことは
ほとんどありませんけれども、
これだけは
ほめてほしかったですね。
井戸水、飲料水ならともかく、
あれだけの作業で、
一万人の人が、
緑化の結果
戻ってきたというのは、
やはり、感動的でしたね」

中村　ええ。海外に流れていけること自体、これはとてつもなく、夢のような出来事なんです。海外はおろか、あのカイバル峠を越えて、カブールからペシャワールに来ること、そのことでさえ、中流以上でないとできない。

だから、難民にもなれない人々の声というのは、ほとんど国際社会に上がってくることはなかったということですね。国際社会というのは、先進国の人たちの意見と言いますか、その中には、ほとんど反映されなかった。

旱魃一つ取ってもそうですね。雲の上の人たちは外国にいましたから、直接旱魃の被害を受けるわけじゃない。彼らが国を出られずに、そこにじっとおれば、「助けてください」と言ったでしょうけれども、あいにくと、地元にいる人々は、声を上げて叫んでも、誰も聞いてくれなかったと。一種の密室ができていたということでしょうかね。

――　先日、東京で、アフガニスタン復興支援会議というものが開かれましたね。そして、世界から四五億ドル以上の支援の体制が一応組まれたと。そして、アフガニスタン暫定《ざんてい》行政機構のもとで、復興に向けての動きがこれから本格化するのでしょうが、この状況を、中村さんはどんなふうにご覧になっていますか。

中村　わたしは、一種冷めた目で見ています。というのは、十三年前にソ連軍が撤退したときも、いまより以上に、これだけの援助をしますという報道があって、世界中が騒いだ時期があった。ところが、いつのまにかそれが尻すぼみになって、混乱状態がつくられていったという経緯があった。まあ、しばらく見てみようかと。まだ、治安も回復していないのに、お金だけが動き出すという状態なんですね。

けっして批判しているわけではなくて、お金のことを議論するのも大切でしょうけれども、それよりまず、率直にアフガニスタンの人々の現実を見た上で、「これは急ぐべきもの」「これは時間をかけてすべきもの」と分けてやるべきじゃないかというふうに、わたしは思いますね。

――日本人がアフガニスタンの人々、もの言わぬ人々に対してできることというのは、中村さんはどんなふうに思われますか。

中村　いままで、あの国は外国の介入で痛めつけられてきた。しかも、アフガニスタンというのは、非常に独立心の旺盛な国民で、おそらく外国の傀儡《かいらい》、あるいは傀儡とみなされる政権が続いた試しがない。

その中で日本がやれることというのはありまして、現地では、反欧米的な色彩が非常に強くて、親日感情が非常に強いんです。

半分、外国人扱いじゃない。それぐらい、日本人というのは、親しみを持って見られるんです。たいてい、どんな山の中に行っても、「日本人だから許す」あるいは「日本人だから泊めてあげる」ということも、外国人なら殺されたって仕方がないような状況でも、助けられてきたということもあります。広島、長崎というのは、どこに行っても知っている。

日本というのは、この五十年以上も戦争をしなかった、平和な、きれいな、豊かな国であると。昔、日本人がスイスに憧れたような、そういうイメージを持っている。それで日本の受けがいい。

そこで、日本としては政治的なことに首を突っ込まずに、黙々と建設事業にいそしめば、いい援助ができるんじゃないかと思いますけれどね。

――PMSとしては、当面、アフガニスタンに対してどういう活動をしていこうと考えておられるんですか。

中村　はじめの目標は、カブール自体が大きな難民キャンプと化しておる状態で、ここで生きて冬越しできない人は一割前後いるだろうということで、この十数万人に対して食糧配給をするということで始まった。これは、医療団体としてはよけいな活動ですけれども、そうせざるを得なかった。病気の原因が栄養失調、水欠乏なんです。

ということを考えますと、この冬の間は、足りない地域で食糧を配りますけれども、長い目で見ますと、延々と食糧を配るわけにいかないので、自給自足をできないところもありますけれども、できるところはできる限り、緑を復活させて、人々が自分たちで暮らせるようにする、これが一番大切な援助じゃないかと思うんです。

この活動を通して、これは他《ひ》人《と》様《さま》を助けてあげるということだけじゃなくて、

現地では、ひと言で言えば、

命ということが非常に鮮明に

浮かび上がってくるんですね。

それを通して、こっちも、何か、大げさに言うとですね、

人間として、

最後まで失っちゃいけないものは何なのか、

何を失ってもいいのか、

何かヒントがあるような気がするんですね。

この、活動というよりは、協力を通してですね、

わたしたちもそこで何か

精神的な糧を得ようということもあると思います。

人間にとって本当に、

あの極限状態の中で、

むき出しに見えてくるもの、

その中で、わたしたちが受け取るものはたくさんあるんですね。

だから、そういう気持ちで。

なかには悪いことをする人もいますけれども、

人は殺す、嘘はつく、

いろんなことがありますけれども、

そういうものも越えてですね、

何かが見えてくる場所である

ということはできるんですね。

第三章

アリの這う如く

二〇〇四年六月五日（中村哲57歳）

―― 中村さんが院長を務めていらっしゃるPMS病院は、パキスタンのペシャワールというところにありますが、町の特徴と言いますか、どんな町ですか。

中村　地図で見てわかりますように、パキスタンとアフガニスタンの北部の国境の町です。たまたま、パキスタン側にあるというのが実態に近いでしょうね。

どういうことかというと、その国境を挟んで、パシュトゥン族という民族が、それぞれ一〇〇〇万人ずつアフガニスタン側とパキスタン側に分かれて住んでいる。だから、事実上アフガニスタンの連続であり、行政上はパキスタンに入っているという、奇妙な位置にあるわけですね。

―― その間の国境というのは山ですか。

中村　ええ、ほとんど山です。スレイマン山脈という山がこれを分けていまして、とは言っても峠は無数にありまして、カイバル峠が有名ですね。

ペシャワールという町そのものは、これは大都市と言いますか人口の多い町で、昔からシルクロードの交易で栄えた町です。しかし、周辺一帯は、ほぼ農民、または遊牧民という世界ですかね。

――いま、パキスタン全土の政治的な体制と、治安状況はどうなんですか。

中村　わたしがいる二十年間の中では、最も悪い時期の一つにあたりますね。一番悪かったのはソ連軍撤退直後の混乱。これはもう十数年前ですけれども、それに次ぐ第二次の治安悪化の状態じゃないですかね。

具体的に言うと、テロ攻撃があちこちで多発するようになる、暗殺計画があちこちで起きる、イスラム教徒を中心にして反政府暴動がしばしば起こるという状況は、こんなに悪かった時期というのは、いままであまりなかったんじゃないかと思います。

問題は、政治指導部と一般民衆との間の考えが、一八〇度違うという点です。人々の大半は反米的と言いますか、彼らに荒らされる、外国に荒らされるのはいやだという人たちがほとんど。政治指導部は、経済援助がないと駄目だ、軍事援助がないと駄目だということで、やむを得ず、対テロ戦争に協力させられているというのが実態です。政府と一般民衆との溝は非常に深いですね。

――中村さんたちは、アフガニスタンの側でも医療活動、診療活動を続けていらっしゃいますね。それは国境、カイバル峠を越えた、アフガニスタンの北東部ですね。

中村　そうです。アフガニスタン北東部とペシャワールあたりは、事実上一つですから。親戚関係も含めて、人々の行き来は普通におこなわれている。だから、ハンセン病のコントロールにしたって、パキスタン側だけで事を進めてもうまくいかないという事情がある。そういうこともあって、アフガニスタン側に活動を広げましたけれども、広げたといっても、だいたい北東部に限定された地域です。

―― その地域に、診療所はいくつ置いていらっしゃるんですか。

中村　現在、三か所の診療施設が山の中にありまして、ハンセン病だけではなく、一般の病気も診ています。というのは、アフガニスタンというのは、ほとんどが無医地区です。その中で、ハンセン病だけ診る診療というのは、まず、成り立たない。

第二に、ハンセン病が多い地域というのは、同時に、ほかの伝染病、結核だとか、マラリアだとか、腸チフスだとかも非常に多いということで、わたしたちとしては、ハンセン病の旗は降ろしませんけれども、山村無医地区、すなわちハンセン病の多発地帯で直接患者を診るために、山村部のモデル診療の確立を大きな医療活動の目標に掲げているわけです。

―― アフガニスタンのその地域は、大旱魃だということですけれども、二〇〇〇年から始まったんですね。

中村　これが最も、アフガニスタンにとっては厄介なものなんです。二〇〇〇年の五月から現在に至るまで、状況はほとんど改善していません。

ＷＨＯ、世界保健機関の二〇〇〇年の五月の発表では、アフガニスタンの人口の半分以上に相当する一二〇〇万人が被災して、家畜が九割死滅したと。そして、四〇〇万人が飢餓線上にあって、一〇〇万人が餓死線上にあるという発表をして、警告をずっと発してきたわけです。基本的にその状況というのは大きな変化が見られないというのは、案外、知られていないですね。

——そうすると、ＷＨＯ発表の餓死線上にいた一〇〇万という人たちの中には、もうすでに餓死した人たちも相当数出ているということですか。

中村　ええ、わたしはそう思います。餓死というのは、何も、腹ぺこになってばったり倒れるという死に方じゃない。だんだん体が衰弱してきて、ちょっとした病気で、コロリと死んでしまう。特に子どもが非常に多かった。

水がないものですから、生活排水と言いますか、汚い水でも飲まざるを得ない。それから、食器が汚れるということで赤痢なんかが大流行いたしましてね、子どもがずいぶん死にました。

そういうのを考えますと、四年前に警告されたＷＨＯの数字は、けっして誇張ではなかったんじゃないかと思いますね。

——その状況は、全く改善されていないと。

中村　これはですね、国際援助の芽が、政治的な現象だとか、どうしてもニュースの紙面を飾ることと関連してプランが立てられるものですから、注意を引かないということもあって、大きな改善は見られていない。

しかも、この旱魃は、地球温暖化と明らかに関係がある。これは説明がいりますけれども、アフガニスタンの乾燥地帯で、どうして二〇〇〇万人以上の国民が食っていけるかというと、アフガンの人口の約九割が農民及び遊牧民です。彼らが農耕できるのは、ヒンズークッシュ山脈という高い山がアフガニスタンのほとんどを占めていますけれども、その山の雪が夏に解け出して、川をつくって、その川沿いに豊かな農産物をつくらせて、そしてみんなが生きてきたわけですね。その水がいま涸れかけて、砂漠化した地域がどんどん広がっているということなんです。

――ヒンズークッシュ山脈というのは、パキスタンとアフガニスタンの境になるんですか。

中村　そうですね。世界の屋根と言われるヒマラヤ山脈からずっと西側の先と言いますか、カラコルム、ヒンズークッシュ山脈が、アフガニスタン、パキスタン両国にまたがって、ドーンと座っているわけですね。アフガニスタンという国は、このヒンズークッシュ山脈によってほとんどが占められる山の国だと考えていいですね。

――最高峰がティリチミールという山で、七七〇八メートルある。ここに、以前降っていた雪が、地球温暖化で降らなくなったんですか。

中村　絶対的な降雪量が減っているというだけではなくて、夏に解け出してくる水がなくなるというのは、夏の雪線が年々上昇してきているからです。現在、真夏ですと、四〇〇〇メートルに行っても雪がないという状態です。二十五年前、私が山岳会で行った頃が、だいたい真夏の雪線が三三〇〇メートルだった。

わずか二十五年の間に、七〇〇メートル以上も上がったということ。これが旱魃の最も大きな原因です。標高四〇〇〇メートルの山の雪を頼りにしていた地域は、もう壊滅状態。こういう人々が、カブールだとかジャララバードだとか、カンダハールとか大都市に流れていく。しかし、そこでも仕事がなくて食えないものですから、さらに出稼ぎに近い状態で、パキスタン、あるいはイランのほうに難民として流れていくということです。

だから、毎年国際団体は、今年は何百万人難民が帰ったという数字を発表しますけれども、帰りはするけれども生活できないので戻ってくるというケースが、戻ってくるというのは再び難民化するというのが、一般的に近いパターンじゃないかと思います。

――そこで中村さんたちは、大旱魃地帯に井戸を掘る活動をずっと続けてこられたわけですけれども、これまでにペシャワール会が掘った井戸というのは、数としてはいくつぐらいになりますか。

中村　現在約一二〇〇本ですが、完全に使える完成したと呼べるものは、今年の三月で一〇〇〇本を超えました。それで、百数十か村で三〇万人前後の人々が、畑は耕せなくとも、自分たちのふるさとにおれるという状態をつくり出したというのが、わたしたちとしては、不幸中の幸いというか、うれしい話ですよね。

――畑はつくれないけれども、飲料水はその井戸で確保されると。

中村　そうです。四年前（二〇〇〇年）の大旱魃の時期は水がないという意味で本当にひどくて、なかには半日歩いて、ロバの背中に水タンクを積んで生活用水を取りにくるという状態が普通に見られていたわけですね。いま、たしかにまだまだ足りないですけれども、あの頃に比べると、われわれが活動した地域は、ずいぶん恵まれて、まあ飲み水には不足しないと。耕せないけれども、その分は男たちの出稼ぎに頼るとかいうかたちで、故郷を捨てなくても済むということなんですね。

――井戸を掘る活動と合わせて、いま取り組んでいらっしゃるのが、ナンガラハル州というところでの用水路掘削《くっさく》工事ですね。

中村　先ほど旱魃のことを話しましたけれども、飲み水は何とか井戸でできますけれども、やはりこれは耕さないことには、本当に難民化した人たちが自分のふるさとで生活できる状態にはならない。

先ほど言いましたように、四〇〇〇メートル級の山々の雪に頼ってきたところでは、雪が大きな貯水池の役目をいままでしてきたわけですね。それが急速になくなってきたので、これに対しては、あちこちに貯水池を増やしていく。さらに、大きな川は六〇〇〇メートル、七〇〇〇メートル級の山から流れてきますから、向こう数世紀は涸れないだろうということで、大きな川からの水を利用する。

この二本立ての戦略で、砂漠化した耕地、田んぼや畑を、再び緑化するという計画をボチボチ進めているわけですね。その一環として、用水路工事が第一弾として始まったわけです。

――先ほど、パソコンで写真を見ていらっしゃいましたね。中村さんが撮られた写真ですか。

中村　わたしが現場監督をしておりまして、記録用に全部撮るんです、絵日記代わりに。そして、欠陥のあるところを見つけて、翌日「こうせい、ああせい」と。

――この川がクナール河ですか。

中村　これがクナール河といって、ヒンズークッシュ山脈では、北側にアム河というのがありますが、それに次いで大きな川、二番目に大きな川です。

——そして、向こうに高い山が幾重にも見えていますけれど、あれがヒンズークッシュ山脈ですか。

中村　これは支脈のようなもので、ヒンズークッシュ山脈というのは一つの山でなくて山脈ですから、網目状に連山が広がっている。その一つがスレイマン山脈といって、アフガニスタンとパキスタンを隔てる山になっているわけですね。

——そのスレイマン山脈も、ヒンズークッシュ山脈の一つの支脈のようなものというわけですね。そして、このクナール河の大きな流れの途中をせき止めて、用水をつくろうとしていると。

中村　これは、実はわれわれの発明ではなくて、「斜《なな》め堰《ぜき》」といって、伝統的に日本でも昔からおこなわれてきた方法です。現地でも、小規模ですけれども、着想は似たかたちで取水するということですね。

——斜め堰というのは、斜めに堰をつくるという意味ですか。

中村　そうです。この川は対岸に行くのに下流の橋を渡って約五〇キロメートルありますので、一方側から工事する場合はこれが一番いい。近代的な、クレーン車だとか重機がふんだんに揃っていれば別ですけれども、これなら現地の人にもできるし、真似して似たようなものがあちこちできれば、われわれは本望なんです。

そういう意味でも、現地の人がつくれて、メンテナンスできるという点からすると、日本では斜め堰などというと古すぎて流行《はや》りませんけれども、これが、わたしは一番いいと思いますね。

まず、川の分流を二つに割って、半分は水の深いほうに流して、浅いほうを取水口のところまで持ってきてやる。多少の動揺はありますが、夏冬変わらず一定した、池のようになった状態のところから取水する。そうすると、夏でも冬でも、水が涸れることなくずっと潤《うるお》せると、こういう着想で斜め堰というのはできているわけです。

――これで全長何キロぐらい用水路をつくろうという計画ですか。

中村　全長は一四キロです。

――いま、何キロぐらいまで行っていますか。

中村　いま二キロですけれども、これは取水口も含めて、最も水路で大事な部分なんです。キロ数は二キロですけれども、これを越えるとあとは早いということで、だいたい、実質的に半分はできたものとわれわれは考えています。

――そうすると、一四キロ完成するのはいつ頃になりそうですか。

中村　一年以内を考えています。

――一四キロが完成して水が流れたら、どういう事態が起きますか。

中村　この砂漠化した村々が、文字どおり、息を吹き返すわけですね。

　本当にこれは、日本の方々は知らないと思うんですよね。政治情勢ばっかり伝わって、戦争の話だとか、難民がかわいそうにだとか、教育だとか、もちろんそれも大事かもしれませんけれど、いま、アフガニスタンの人が一番困っているのは、食べ物がつくれないことなんです。ほとんどが自給自足の村の集まりですから、自分のところで食べ物ができないというのは致命的なことです。そういう人々が、難民として小さくなって暮らすよりも、堂々と自分のふるさとで暮らせるようになる。

　この水路の恩恵に浴するのが、だいたい十数万名です。現地は、小麦だとかトウモロコシだとか、わりと水の少ない作付けなので、二〇〇〇町歩《ちょうぶ》（ヘクタール）潤しますと、計算上は、十数万人の人が軽く生活できると。だから、それだけの人が帰ってくるということです。

　それが大げさでない証拠は、工事をしていると目につきますよね、「何やっているんだ?」「どこに流れるんだ?」「こういう次第で、ここはまた緑化するんだ」ということを聞いて、その噂だけで、村人たちが次々と帰ってくると、そして水が来るのを待っているという事態が生まれているわけです。

――　そうすると、実際にこの用水路工事をやっているのも、監督は中村さんでしょうけれど、働いている人たちは現地の人たちですか。

中村　日本人の若者が監督としてやっています。わたしは総監督というところでしょうかね。作業員の大半は、現地で、砂漠化した村で暮らせずに難民化した人たちが、あそこに行くと日当で食えるらしいということで、現在、毎日、約六〇〇名前後の人々が働いています。

――それは一つの大きな職場でもあるわけですね。

中村　そういうことですね。一月時点で、工事が始まって八か月目ですけれども、延べ一〇万人以上、いま、一五、六万人が延べで働いたということになっているんじゃないでしょうか。

――そしてまた、そこで働く人たちが、多士済々《たしさいさい》の強者揃いらしいですね。

中村　みんな、自分のふるさとのことになると一生懸命になるんですね。しかも食えるか食えないかの瀬戸際ですから、同じ日当で働くにしても、気合いが違うわけですね。

――元タリバン兵とか、元北部同盟の人とか、かつての政治勢力で言えば、いろんなところの人たちが入っているとか。

中村　これも案外、日本では知られていないですけれども、アフガン社会で大事なのは、政治的な主張よりも血縁地縁、親戚関係、それから同郷出身者、この絆《きずな》のほうがはるかに強いわけですね。

だから、作業員を見ていますと、元タリバン兵もいますし、元北部同盟兵、反タリバン勢力ですね、これもいる。極端なのは、米軍の傭兵《ようへい》だった人も働いているわけです。なかなかわかりにくいですが、政治ではけっして色分けできない地域なんです。

彼らも、傭兵になって血なまぐさいことをして金を儲けようなんていうのはいやな話で、やっぱり、汗を流してお金をもらって、それで食べたほうが、胸を張って暮らせるわけですね。水路ができたあかつきには、今度は自分で農業をして、自分のものは自分でつくって食っていくという生活が回復できるわけですから、一石二鳥というわけでしょうかね。

——いまの政権の人たちも、関心を持って見ているわけですね。

中村　ええ、水路工事ですから、目立つということもありますけれども、やはり、外国人が考えるアイデアではなくて、地元の人が何で困っているかというのを、政府の中堅クラスはよく知っているわけですね。その、かゆいところに手が届いたという意味で、非常に関心を持って見てくれていますね。好意的に見てくれる方が多いです。

——ところが、去年（二〇〇三年）の十一月二日に、用水路工事の工事現場を、アメリカ軍のヘリコプターが機銃掃射したんだそうですね。

中村　機銃掃射は、現場ではそれほど深刻に受け取られなかったんですよ。「あいつらがまたやりやがったか」という程度だったんですが、逆に言うと、それだけ、現地の日常的な戦争の姿が、日本に伝わっていなかったということなんでしょうね。そういうことがいつ起きても不思議はない状態であると。

しかも、テロリスト討伐だのと言うけれども、本当にテロリストに当たった爆弾は、あんまりないんじゃないですかね。犠牲になったのは、ほとんどが普通の一般市民、農民。もちろん、それに対して地元の人は反感を抱くわけで。イラクほど話題にはなりませんけれども、構造としては、イラクに限りなく近い状態でしょうね。というか、アフガニスタンの状態をやや大きくしたのが、いまのイラク情勢というふうに考えていいと思いますね。

われわれ、発破作業をしていますので、ダイナマイトをいままで一万五〇〇〇発以上使っている。その作業現場を攻撃と間違えられて、射撃されたというのが実態だったんです。低空飛行を避けるから発破現場を教えてくれということだったので、作業現場と爆破時刻を通告しましたけれど、ほとんど無視されているという状態ですね。

――アフガニスタンの人々にとって、モスクと、それからジルガという長老会、この役割がとても大きいと、中村さんは書いていらっしゃいますね。

中村　ええ、そのとおりです。思い切って単純化すれば、この二つを抜きにして、共同体は成り立たないですね。

モスクというのは、ヨーロッパ中世の教会みたいに、あるいは江戸時代の檀家制度のように、その地域の中心です。金曜日には必ず、住民が集まってくる。だからそこで、いろんな訴えをするのが普通なんです。公共掲示板みたいな役割もしているわけですね。

そこでわたしたちも、たとえば、ハンセン病患者に対する迫害というのは現地にもあるので、そういう場合はみんなに「これはやっぱり、人間がしてはいけないことだ」ということを訴えれば、非常に有効なんですね。有効というか、耳をかたむけてくれるわけです。

―― モスクは、イスラムのお祈りをするだけじゃなくて、地域の人たちが抱えている悩みとか、訴えとかを、みんなの前で取り上げてほしいということを発言したりする場でもあるわけですね。

中村 そうです。だから、水路をつくりますとか、井戸を掘りますだとか、あるいは、診療所を建てますよとかいうときは、必ず、モスクを中心とした共同体の人々に了承してもらわないと、これは事が進みません。そういう意味でも、モスクというのは、非常に大事な存在であるわけですね。

もちろん、公共の掲示板ということだけでなくて、宗教的にも、金曜日だけは、悪いことをしている人もいいことをしている人も集まって、耳をかたむけて、道徳講話を聞くという場所でもあるわけですね。

――長老会、ジルガというのは、その地域の尊敬されるボスたちが構成しているわけですか。

中村　これがアフガン農村社会の一つのまとまり方、共同体のあり方です。村の中での人格者、さしずめ日本では庄屋さんみたいな立場の人になりますかね、年を取ってそれなりにみんなから尊敬される人たち、こういう人たちが集まって長老会をつくって、その地域にとって大事なことを話し合うというだけでなくて、執行権もある。ジルガで決定したことは誰も逆らえない。

――中村さんの目からご覧になって、アフガニスタンへの国際的な復興支援の現状、復興の状況というのは、どんなふうにご覧になっていますか。

中村　言いたいことはたくさんありますけれども、

昔からわたしが思ってきたのは、この復興支援が、

誰の立場に立っておこなわれて、

そして誰のためになる支援か

ということを考えると、

これは非常にさびしいものを感じざるを得ないわけですね。

教育が悪いとは言わない、それから女性問題を扱うことが悪いとは言わないけれども、それ以前に、明日のご飯をどうしようかという人たちが溢れ返る中で、援助する側、先進国の人たちが、自分たちの国の都合で、あるいは自分たちの国民が喜ぶようなかたちで援助がおこなわれているというのを、これはいまに始まったことじゃなくて、ソ連が入ってきた時代（一九七九〜一九八九年）から、地元の人がずっと苦々しく眺めてきたわけですね。

それで、わたしも彼らの立場に立てば、パンが食べたいというときに鉛筆が配られてもしょうがない、という気もあります。もちろん、配る人はいろんなニュースソースに基づいて、アフガニスタンで教育さえあれば、みんないい生活ができると思ってやるのでしょうけれども、それが往々にして、現地のニーズと一致しないということもあり得るということですね。

アフガニスタンのほとんどが農村部であるということ、九割以上が農民、遊牧民であるということ、しかも、大旱魃で難民化した人々がほとんどであるということを考えると、まずは、みんなが安心して食べていけることだと、これが最大のことだと思うんですね。

――中村さんがパキスタン北西辺境州の州都のペシャワールに一九八四年に赴任《ふにん》して、

二十年が経ちましたね。この二十年の感慨をお聞かせください。

中村　いやあ、それはないと言えば嘘になりますね。ただ、実態はですね、はじめ、五年かな、十年かなというふうに考えていましたが、わたし自身も、こんなに長くなると思っていなかったわけです。

現地はですね、

人を退屈させないところなんですね。

なんかもう、一つ問題が片付いたなあと思うときに、

また新たな問題が起きてくる。

それが自分にとってどうしようもない

ということであればあきらめますけれど、

頑張れば何とか

できそうだなということが、

次々と起きてきて。
それに追いまくられて、
気づいたら二十年が経っていたというのがですね、
まあ、真相じゃないでしょうかね。

――その二十年の間に、福岡にご家族がいらして、息子さんを亡くされたんですね。

中村 そうですね、一年半前になります。ちょうどあのときは、空爆だとか旱魃だとか重なった時期で、あの頃が一番、精神的にも本当、忍耐を要した時期だったですね。

――おいくつだったんですか、息子さんは。

中村 死んだときがですね、十歳です。病気を宣告されて一年半後ですね。

――それは、医師である父親としては、とっても辛かったでしょうね。

中村 ええ。しかも、脳腫瘍《のうしゅよう》というとわたしの専門ですから、だいたいわかるわけですね。よくて一年半、悪かったらこの半年から一年というのは予測がついていて。だからといって投げやりになることもない。その一年前後がこの子にとって非常に貴重な時間だなというのが実感としてわかりました。そのために、ちょっとほかの仕事をさぼってでも、その子を喜ばせるというよりはですね、有意義に生きたということを実感させるように、あちこち連れて参りましたですね。

自分でも、ある程度は予感していたかもしれませんね。子どもらしからざることを言うわけですよ。「人間は、一遍は死ぬんだから、くよくよすることはないのさ」とか言うから、親のほうがびっくりして。わたしはひた隠しに、特に家内のショックが大きかったですから、何ごともなかったかのように日常を続けること、そして最大限の、治療と思えることは何でもすると。そして、本人の願いは、あと一年しか生きないということであれば、甘やかすようでも、なるべくかなえてやるというふうに心がけました。

――息子さんの死、それからパキスタン、アフガニスタンでは、周囲にたくさんの死があるわけですね。そういうことをご覧になってきて、中村さんは「命」というものをどんなふうに考えられますか。

中村　そうですね、これは最近ますます思いますが、

命を粗末にする風潮が、このごろ、世界的に広まってきている。

特に先進国の中で。

自殺というのも命を粗末にすることです。

人が生まれてきて、生きて死ぬという実感を、みんな、なくしつつあるのではないか

という気がするわけですね。

それを考えますと、人の命を簡単に政治目的に利用したり、引き合いに出して不愉快に思う人もおるかもしれませんけれども、ニューヨークのテロ事件で二千数百名が死亡した。それに対して報復爆撃をする。そしてその数倍が死んでいる。それも、九九パーセントは全然関係のない人です。アメリカ人の死についてはとやかく言われるけれども、そのあおりで死んだ、その何倍かの人たちの死については、みんな何も言わないのかと。

本当に一人の人がこの世に生きて、そして死んでいくということは、その人だけではな

くて、それを取り巻く人々、親だとか、友達だとか、いろんな関係の中で生きているわけでして。それに対する考え方というのが、あまりに軽視されているという気がしてならないですね。

自分の子どもを亡くした親の気持ちというのは、ある程度は、わたしはよくわかるんですね。病気であれば仕方がないけれども、これが、罪もないのに、何でもないのに爆撃を受けて死んだということになると、これは当然、それに対する報復心が持ち上がってくるのは当然であって。やはり、命に対する軽視がいろんなかたちで憎しみを広げていったり、戦争を広げていったりということに繫がってくるんだなと、このごろ、実感として感じます。

―― 二十年間のそういう活動の、中村さんの背骨を支えてきたものは何ですか。

中村　よく人から聞かれるんですけれど、自分でもよくわからないんですね。まあ、よくあるじゃないですか。昔から、「義を見てせざるは勇なきなり」、やっぱり、一種の男の見栄と言いますかね、そういうのがあってですね。

もうどうにもできないことであれば

仕方がないけれども、

自分が出ていけば

何とかなるんじゃなかろうか

という状況のときに、そこで引きさがるかどうかの問題で。

引き下がれなかったもんですから

続いてきたというのが実態で、

別にわたしに立派な思想があったわけじゃないんですね。

「セロ弾きのゴーシュ」というのがありますね、

宮沢賢治の童話で。

お前はセロが下手だから練習しろと言われたゴーシュという人が、

一生懸命練習していると、

狸《たぬき》が来たり、野ねずみが来たりして、

「子どもを治してくれ」だの、いろいろ雑用をつくるわけですね。

しかし、「まあ、この大事なときに」と思うけれど、

「ちょっとしてやらんと悪いかな」ということで。

そして上手になっていくわけですね。

そして楽長にほめられたという話がありますが、

それに近いでしょうね。

「飲み水は何とか
井戸でできますけれども、
やはりこれは
耕さないことには、
本当に難民化した人たちが
自分のふるさとで
生活できる状態には
ならない」

「大きな川は六〇〇〇メートル、
七〇〇〇メートル級の
山から流れてきますから、
向こう数世紀は
涸れないだろう
ということで、
大きな川からの水を利用する」

「これがクナール河といって、
ヒンズークッシュ山脈では、
北側にアム河というのがありますが、
それに次いで大きな川、
二番目に大きな川です」

「わたしは総監督というところでしょうかね。
作業員の大半は、現地で、
砂漠化した村で暮らせずに難民化した人たちが、
あそこに行くと日当で食えるらしいということで、
現在、毎日、約六〇〇名前後の人々が働いています」

セロ弾きのゴーシュ

宮沢賢治

ゴーシュは町の活動写真館でセロを弾く係りでした。けれどもあんまり上手でないという評判でした。上手でないどころではなく実は仲間の楽手のなかではいちばん下手でしたから、いつでも楽長にいじめられるのでした。

ひるすぎみんなは楽屋に円くならんで今度の町の音楽会へ出す第六交響《こうきょう》曲《きょく》の練習をしていました。

トランペットは一生けん命歌っています。

ヴァイオリンも風のように鳴っています。

クラリネットもボーボーとそれに手伝っています。

ゴーシュも口をりんと結んで眼《め》を皿《さら》のようにして楽譜《がくふ》を見つめながらもう一心に弾いています。

にわかにぱたっと楽長が両手を鳴らしました。みんなぴたりと曲をやめてしんとしました。楽長がどなりました。

「セロがおくれた。トォテテ　テテテイ、ここからやり直し。はいっ。」

みんなは今の所の少し前の所からやり直しました。ゴーシュは顔をまっ赤にして額に汗《あせ》を出しながらやっといま云《い》われたところを通りました。ほっと安心しながら、つづけて弾いていますと楽長がまた手をぱっと拍《う》ちました。

「セロっ。糸が合わない。困るなあ。ぼくはきみにドレミファを教えてまでいるひまはないんだがなあ。」

みんなは気の毒そうにしてわざとじぶんの譜をのぞき込《こ》んだりじぶんの楽器をはじいて見たりしています。ゴーシュはあわてて糸を直しました。これはじつはゴーシュも悪いのですがセロもずいぶん悪いのでした。

「今の前の小節から。はいっ。」

みんなはまたはじめました。ゴーシュも口をまげて一生けん命です。そしてこんどはかなり進みました。いいあんばいだと思っていると楽長がおどすような形をしてまたぱたっと手を拍ちました。またかとゴーシュはどきっとしましたがありがたいことにはこんどは別の人でした。ゴーシュはそこでさっきじぶんのときみんながしたようにわざとじぶんの譜へ眼を近づけて何か考えるふりをしていました。

「ではすぐ今の次。はいっ。」

そらと思って弾き出したかと思うといきなり楽長が足をどんと踏《ふ》んでどなり出しました。

「だめだ。まるでなっていない。このへんは曲の心臓なんだ。それがこんながさがさしたことで。諸君。演奏までもうあと十日しかないんだよ。音楽を専門にやっているぼくらがあの金沓鍛冶《かなぐつかじ》だの砂糖屋の丁稚《でっち》なんかの寄り集りに負けてしまったらいったいわれわれの面目《めんもく》はどうなるんだ。おいゴーシュ君。君には困るんだがなあ。表情ということがまるでできてない。怒《おこ》るも喜ぶも感情というものがさっぱり出ないんだ。それにどうしてもぴたっと外の楽器と合わないもなあ。いつでもきみだけとけた靴《くつ》のひもを引きずってみんなのあとをついてあるくようなんだ、困るよ、しっかりしてくれないとねえ。光輝《こうき》あるわが金星音楽団がきみ一人のために悪評をとるようなことでは、みんなへもまったく気の毒だからな。では今日は練習はここまで、休んで六時にはかっきりボックスへ入ってくれ給《たま》え。」

みんなはおじぎをして、それからたばこをくわえてマッチをすったりどこかへ出て行ったりしました。ゴーシュはその粗末《そまつ》な箱《はこ》みたいなセロをかかえて壁《かべ》の方へ向いて口をまげてぼろぼろ泪《なみだ》をこぼしましたが、気をとり直してじぶんだけたったひとりいまやったところをはじめからしずかにもいちど弾きはじめました。

その晩遅《おそ》くゴーシュは何か巨《おお》きな黒いものをしょってじぶんの家へ帰ってきました。家といってもそれは町はずれの川ばたにあるこわれた水車小屋で、ゴーシュはそこにたった一人ですんでいて午前は小屋のまわりの小さな畑でトマトの枝《えだ》をきったり甘藍《キャベジ》の虫をひろったりしてひるすぎになるといつも出て行っていたのです。ゴーシュがうちへ入ってあかりをつけるとさっきの黒い包みをあけました。それは何でもない。あの夕方のごつごつしたセロでした。ゴーシュはそれを床《ゆか》の上にそっと置くと、いきなり棚《たな》からコップをとってバケツの水をごくごくのみました。

それから頭を一つふって椅子《いす》へかけるとまるで虎みたいな勢《いきおい》でひるの譜を

弾きはじめました。譜をめくりながら弾いては考え考えては弾き一生けん命しまいまで行くとまたはじめからなんべんもなんべんもごうごうごうごう弾きつづけました。

夜中もとうにすぎてしまいはもうじぶんが弾いているのかもわからないようになって顔もまっ赤になり眼もまるで血走ってとても物凄《ものすご》い顔つきになりいまにも倒《たお》れるかと思うように見えました。

そのとき誰《たれ》かうしろの扉《と》をとんとんと叩《たた》くものがありました。

「ホーシュ君か。」ゴーシュはねぼけたように叫《さけ》びました。ところがすうと扉を押《お》してはいって来たのはいままで五六ぺん見たことのある大きな三毛猫《みけねこ》でした。

ゴーシュの畑からとった半分熟したトマトをさも重そうに持って来てゴーシュの前におろして云いました。

「ああくたびれた。なかなか運搬《うんぱん》はひどいやな。」

「何だと」ゴーシュがききました。

「これおみやです。たべてください。」三毛猫が云いました。

ゴーシュはひるからのむしゃくしゃを一ぺんにどなりつけました。

「誰がきさまにトマトなど持ってこいと云った。第一おれがきさまらのもってきたものなど食うか。それからそのトマトだっておれの畑のやつだ。何だ。赤くもならないやつをむしって。いままでもトマトの茎《くき》をかじったりけちらしたりしたのはおまえだろう。行ってしまえ。ねこめ。」

すると猫は肩《かた》をまるくして眼をすぼめてはいましたが口のあたりでにやにやわらって云いました。

「先生、そうお怒りになっちゃ、おからだにさわります。それよりシューマンのトロメライをひいてごらんなさい。きいてあげますから。」

「生意気なことを云うな。ねこのくせに。」

セロ弾きはしゃくにさわってこのねこのやつどうしてくれようとしばらく考えました。

「いやご遠慮《えんりょ》はありません。どうぞ。わたしはどうも先生の音楽をきかないとねむられないんです。」

「生意気だ。生意気だ。生意気だ。」

ゴーシュはすっかりまっ赤になってひるま楽長のしたように足ぶみしてどなりましたがにわかに気を変えて云いました。

「では弾くよ。」

ゴーシュは何と思ったか扉《と》にかぎをかって窓もみんなしめてしまい、それからセロをとりだしてあかしを消しました。すると外から二十日過ぎの月のひかりが室《へや》のなかへ半分ほどはいってきました。

「何をひけと。」

「トロメライ、ロマチックシューマン作曲。」猫は口を拭《ふ》いて済まして云いました。

「そうか。トロメライというのはこういうのか。」

セロ弾きは何と思ったかまずはんけちを引きさいてじぶんの耳の穴へぎっしりつめました。それからまるで嵐《あらし》のような勢《いきおい》で「印度《インド》の虎狩《とらがり》」という譜を弾きはじめました。

するとは猫はしばらく首をまげて聞いていましたがいきなりパチパチパチッと眼をしたかと思うとぱっと扉の方へ飛びのきました。そしていきなりどんと扉へからだをぶっつけましたが扉はあきませんでした。猫はさあこれはもう一生一代の失敗をしたという風にあわてだして眼や額からぱちぱち火花を出しました。するとこんどは口のひげからも鼻からも出ましたから猫はくすぐったがってしばらくくしゃみをするような顔をしてそれからまたさあこうしてはいられないぞというようにはせあるきだしました。ゴーシュはすっかり面白《おもしろ》くなってますます勢よくやり出しました。

「先生もうたくさんです。たくさんですよ。ご生ですからやめてください。これからもう先生のタクトなんかとりませんから。」

「だまれ。これから虎をつかまえる所だ。」

猫はくるしがってはねあがってまわったり壁にからだをくっつけたりしましたが壁についたあとはしばらく青くひかるのでした。しまいは猫はまるで風車のようにぐるぐるぐるぐるゴーシュをまわりました。

ゴーシュもすこしぐるぐるして来ましたので、

「さあこれで許してやるぞ」と云いながらようようやめました。

すると猫もけろりとして
「先生、こんやの演奏はどうかしてますね。」と云いました。

セロ弾きはまたぐっとしゃくにさわりましたが何気ない風で巻たばこを一本だして口にくわえそれからマッチを一本とって
「どうだい。工合《ぐあい》をわるくしないかい。舌を出してごらん。」

猫はばかにしたように尖《とが》った長い舌をベロリと出しました。

「ははあ、少し荒《あ》れたね。」セロ弾きは云いながらいきなりマッチを舌でシュッとすってじぶんのたばこへつけました。さあ猫は愕《おどろ》いたの何の舌を風車のようにふりまわしながら入り口の扉《と》へ行って頭でどんとぶっつかってはよろよろとしてまた戻って来てどんとぶっつかってはよろよろまた戻《もど》って来てまたぶっつかってはよろよろにげみちをこさえようとしました。

ゴーシュはしばらく面白そうに見ていましたが

「出してやるよ。もう来るなよ。ばか。」

セロ弾きは扉をあけて猫が風のように萱《かや》のなかを走って行くのを見てちょっとわらいました。それから、やっとせいせいしたというようにぐっすりねむりました。

次の晩もゴーシュがまた黒いセロの包みをかついで帰ってきました。そして水をごくごくのむとそっくりゆうべのとおりぐんぐんセロを弾きはじめました。十二時は間もなく過ぎ一時もすぎ二時もすぎてもゴーシュはまだやめませんでした。それからもう何時だかもわからず弾いているかもわからずごうごうやっていますと誰《たれ》か屋根裏をこっこっと叩くものがあります。

「猫、まだこりないのか。」

ゴーシュが叫びますといきなり天井《てんじょう》の穴からぽろんと音がして一疋《ぴき》の灰いろの鳥が降りて来ました。床へとまったのを見るとそれはかっこうでした。

「鳥まで来るなんて。何の用だ。」ゴーシュが云いました。

「音楽を教わりたいのです。」

かっこう鳥はすまして云いました。

ゴーシュは笑って
「音楽だと。おまえの歌は、かっこう、かっこうというだけじゃあないか。」

するとかっこうが大へんまじめに
「ええ、それなんです。けれどもむずかしいですからねえ。」と云いました。

「むずかしいもんか。おまえたちのはたくさん啼《な》くのがひどいだけで、なきようは何でもないじゃないか。」

「ところがそれがひどいんです。たとえばかっこうとこうなくのとかっこうとこうなくのとでは聞いていてもよほどちがうでしょう。」

「ちがわないね。」

「ではあなたにはわからないんです。わたしらのなかまならかっこうと一万云えば一万みんなちがうんです。」

「勝手だよ。そんなにわかってるなら何もおれの処《ところ》へ来なくてもいいではないか。」

「ところが私はドレミファを正確にやりたいんです。」

「ドレミファもくそもあるか。」

「ええ、外国へ行く前にぜひ一度いるんです。」

「外国もくそもあるか。」

「先生どうかドレミファを教えてください。わたしはついてうたいますから。」

「うるさいなあ。そら三べんだけ弾《ひ》いてやるからすんだらさっさと帰るんだぞ。」

ゴーシュはセロを取り上げてボロンボロンと糸を合わせてドレミファソラシドとひきました。するとかっこうはあわてて羽をばたばたしました。

「ちがいます、ちがいます。そんなんでないんです。」

「うるさいなあ。ではおまえやってごらん。」

「こうですよ。」かっこうはからだをまえに曲げてしばらく構えてから

「かっこう」と一つなきました。

「何だい。それがドレミファかい。おまえたちには、それではドレミファも第六交響楽《こうきょうがく》も同じなんだな。」

「それはちがいます。」

「どうちがうんだ。」

「むずかしいのはこれをたくさん続けたのがあるんです。」

「つまりこうだろう。」セロ弾きはまたセロをとって、かっこうかっこうかっこうかっこうかっこうとつづけてひきました。

するとかっこうはたいへんよろこんで途中《とちゅう》からかっこうかっこうかっこうかっこうとついて叫《さけ》びました。それももう一生けん命からだをまげていつまでも叫ぶのです。

ゴーシュはとうとう手が痛くなって

「こら、いいかげんにしないか。」と云いながらやめました。するとかっこうは残念そうに眼《め》をつりあげてまだしばらくないていましたがやっと

「……かっこうかくうかっかっかっかっかっか」と云ってやめました。

ゴーシュがすっかりおこってしまって、

「こらとり、もう用が済んだらかえれ」と云いました。

「どうかもういっぺん弾いてください。あなたのはいいようだけれどもすこしちがうんです。」

「何だと、おれがきさまに教わってるんではないんだぞ。帰らんか。」

「どうかたったもう一ぺんおねがいです。どうか。」かっこうは頭を何べんもこんこん下げました。

「ではこれっきりだよ。」

ゴーシュは弓をかまえました。かっこうは「くっ」とひとつ息をして

「ではなるべく永くおねがいいたします。」といってまた一つおじぎをしました。

「いやになっちまうなあ。」ゴーシュはにが笑いしながら弾きはじめました。するとかっこうはまたまるで本気になって「かっこうかっこうかっこう」と

からだをまげてじつに一生けん命叫びました。ゴーシュははじめはむしゃくしゃしていましたがいつまでもつづけて弾いているうちにふっと何だかこれは鳥の方がほんとうのドレミファにはまっているかなという気がしてきました。どうも弾けば弾くほどかっこうの方がいいような気がするのでした。

「えいこんなばかなことしていたらおれは鳥になってしまうんじゃないか。」とゴーシュはいきなりぴたりとセロをやめました。

するとかっこうはどしんと頭を叩《たた》かれたようにふらふらっとしてそれからまたさっきのように

「かっこうかっこうかっこうかっかっかっかっかっ」と云《い》ってやめました。それから恨《うら》めしそうにゴーシュを見て

「なぜやめたんですか。ぼくらならどんな意気地ないやつでものどから血が出るまでは叫ぶんですよ。」と云いました。

「何を生意気な。こんなばかなまねをいつまでしていられるか。もう出て行け。見ろ。夜があけるんじゃないか。」ゴーシュは窓を指さしました。

東のそらがぼうっと銀いろになってそこをまっ黒な雲が北の方へどんどん走っています。

「ではお日さまの出るまでどうぞ。もう一ぺん。ちょっとですから。」

かっこうはまた頭を下げました。

「黙《だま》れっ。いい気になって。このばか鳥め。出て行かんとむしって朝飯に食ってしまうぞ。」ゴーシュはどんと床をふみました。

するとかっこうはにわかにびっくりしたようにいきなり窓をめがけて飛び立ちました。そして硝子《ガラス》にはげしく頭をぶっつけてばたっと下へ落ちました。

「何だ、硝子へばかだなあ。」ゴーシュはあわてて立って窓をあけようとしましたが元来この窓はそんなにいつでもするする開く窓ではありませんでした。ゴーシュが窓のわくをしきりにがたがたしているうちにまたかっこうがばっとぶっつかって下へ落ちました。見ると嘴《くちばし》のつけねからすこし血が出ています。

「いまあけてやるから待っていろったら。」ゴーシュがやっと二寸ばかり窓をあけたとき、かっこうは起きあがって何が何でもこんどこそというように じっと窓の向うの東のそらをみつめて、あらん限りの力をこめた風でぱっと飛びたちました。もちろんこんどは前よりひどく硝子につきあたってかっこうは下へ落ちたまましばらく身動きもしませんでした。つかまえてドアから飛ばしてやろうとゴーシュが手を出しましたらいきなりかっこうは眼をひらいて飛びのきました。そしてまたガラスへ飛びつきそうにするのです。ゴーシュは思わず足を上げて窓をばっとけりました。ガラスは二三枚物すごい音して砕《くだ》け窓はわくのまま外へ落ちました。そのがらんとなった窓のあとをかっこうが矢のように外へ飛びだしました。そしてもうどこまでもどこまでもまっすぐに飛んで行ってとうとう見えなくなってしまいました。ゴーシュはしばらく呆《あき》れたように外を見ていましたが、そのまま倒《たお》れるように室《へや》のすみへころがって睡《ねむ》ってしまいました。

次の晩もゴーシュは夜中すぎまでセロを弾いてつかれて水を一杯《いっぱい》のんでいますと、また扉《と》をこつこつ叩《たた》くものがあります。

今夜は何が来てもゆうべのかっこうのようにはじめからおどかして追い払ってやろうと思ってコップをもったまま待ち構えて居《お》りますと、扉がすこしあいて一疋の狸《たぬき》の子がはいってきました。ゴーシュはそこでその扉をもう少し広くひらいて置いてどんと足をふんで、
「こら、狸、おまえは狸汁《たぬきじる》ということを知っているかっ。」とどなりました。すると狸の子はぼんやりした顔をしてきちんと床へ座《すわ》ったままどうもわからないというように首をまげて考えていましたが、しばらくたって
「狸汁ってぼく知らない。」と云いました。ゴーシュはその顔を見て思わず吹《ふ》き出そうとしましたが、まだ無理に恐《こわ》い顔をして、
「では教えてやろう。狸汁というのはな。おまえのような狸をな、キャベジや塩とまぜてくたくたと煮《に》ておれさまの食うようにしたものだ。」と云いました。するとと狸の子はまたふしぎそうに
「だってぼくのお父さんがね、ゴーシュさんはとてもいい人でこわくないから行って習えと云ったよ。」と云いました。そこでゴーシュもとうとう笑い

出してしまいました。

「何を習えと云ったんだ。おれはいそがしいんじゃないか。それに睡いんだよ。」

狸の子は俄《にわか》に勢《いきおい》がついたように一足前へ出ました。

「ぼくは小太鼓《こだいこ》の係りでねえ。セロへ合せてもらって来いと云われたんだ。」

「どこにも小太鼓がないじゃないか。」

「そら、これ」狸の子はせなかから棒きれを二本出しました。

「それでどうするんだ。」

「ではね、『愉快《ゆかい》な馬車屋』を弾いてください。」

「なんだ愉快な馬車屋ってジャズか。」

「ああこの譜《ふ》だよ。」狸の子はせなかからまた一枚の譜をとり出しました。

ゴーシュは手にとってわらい出しました。

「ふう、変な曲だなあ。よし、さあ弾くぞ。おまえは小太鼓を叩くのか。」

ゴーシュは狸の子がどうするのかと思ってちらちらそっちを見ながら弾きは

じめました。

すると狸の子は棒をもってセロの駒《こま》の下のところを拍子《ひょうし》をとってぽんぽん叩きはじめました。それがなかなかうまいので弾いているうちにゴーシュはこれは面白《おもしろ》いぞと思いました。

おしまいまでひいてしまうと狸の子はしばらく首をまげて考えました。

それからやっと考えついたというように云いました。

「ゴーシュさんはこの二番目の糸をひくときはきたいに遅《おく》れるねえ。なんだかぼくがつまずくようになるよ。」

ゴーシュははっとしました。たしかにその糸はどんなに手早く弾いてもすこしたってからでないと音が出ないような気がゆうべからしていたのでした。

「いや、そうかもしれない。このセロは悪いんだよ。」とゴーシュはかなしそうに云いました。すると狸は気の毒そうにしてまたしばらく考えていましたが

「どこが悪いんだろうなあ。ではもう一ぺん弾いてくれますか。」

「いいとも弾くよ。」ゴーシュははじめました。狸の子はさっきのようにとんとん叩きながら時々頭をまげてセロに耳をつけるようにしました。そしておしまいまで来たときは今夜もまた東がぼうと明るくなっていました。

「ああ夜が明けたぞ。どうもありがとう。」狸の子は大へんあわてて譜や棒きれをせなかへしょってゴムテープでぱちんととめておじぎを二つ三つすると急いで外へ出て行ってしまいました。

ゴーシュはぼんやりしてしばらくゆうべのこわれたガラスからはいってくる風を吸っていましたが、町へ出て行くまで睡って元気をとり戻そうと急いでねどこへもぐり込《こ》みました。

次の晩もゴーシュは夜通しセロを弾いて明方近く思わずつかれて楽譜をもったままうとうとしていますとまた誰か扉《と》をこつこつと叩くものがあります。それもまるで聞えるか聞えないかの位でしたが毎晩のことなのでゴーシュはすぐ聞きつけて「おはいり。」と云いました。すると戸のすきまからはいって来たのは一ぴきの野ねずみでした。そして大へんちいさなこどもをつれてちょろちょろとゴーシュの前へ歩いてきました。そのまた野ねずみのこどもと来たらまるでけしごむのくらいしかないのでゴーシュはおもわずわらいました。すると野ねずみは何をわらわれたろうというようにきょろきょろしながらゴーシュの前に来て、青い栗《くり》の実を一つぶ前においてちゃんとおじぎをして云いました。

「先生、この児《こ》があんばいがわるくて死にそうでございますが先生お慈悲《じひ》になおしてやってくださいまし。」

「おれが医者などやれるもんか。」ゴーシュはすこしむっとして云いました。するとねずみのお母さんは下を向いてしばらくだまっていましたがまた思い切ったように云いました。

「先生、それはうそでございます、先生は毎日あんなに上手にみんなの病気をなおしておいでになるではありませんか。」

「何のことだかわからんね。」

「だって先生先生のおかげで、兎《うさぎ》さんのおばあさんもなおりましたし狸さんのお父さんもなおりましたしあんな意地悪のみみずくまでなおしていただいたのにこの子ばかりお助けをいただけないとはあんまり情ないことでございます。」

「おいおい、それは何かの間ちがいだよ。おれはみみずくの病気なんどなおしてやったことはないからな。もっとも狸の子はゆうべ来て楽隊のまねをして行ったがね。ははん。」ゴーシュは呆れてその子ねずみを見おろしてわらいました。

するとある野鼠《のねずみ》のお母さんは泣きだしてしまいました。

「ああこの児《こ》はどうせ病気になるならもっと早くなればよかった。さっきまであれ位ごうごうと鳴らしておいでになったのに、病気になるといっしょにぴたっと音がとまってもうあとはいくらおねがいしても鳴らしてくださらないなんて。何てふしあわせな子どもだろう。」

ゴーシュはびっくりして叫《さけ》びました。

「何だと、ぼくがセロを弾けばみみずくや兎の病気がなおると。どういうわけだ。それは。」

野ねずみは眼《め》を片手でこすりこすり云いました。

「はい、ここらのものは病気になるとみんな先生のおうちの床下にはいって療《なお》すのでございます。」

「すると療るのか。」

「はい。からだ中とても血のまわりがよくなって大へんいい気持ちですぐ療る方もあればうちへ帰ってから療る方もあります。」

「ああそうか。おれのセロの音がごうごうひびくと、それがあんまの代りになっておまえたちの病気がなおるというのか。よし。わかったよ。やってやろう。」ゴーシュはちょっとギウギウと糸を合せてそれからいきなりのねずみのこどもをつまんでセロの孔《あな》から中へ入れてしまいました。

「わたしもいっしょについて行きます。どこの病院でもそうですから。」

おっかさんの野ねずみはきちがいのようになってセロに飛びつきました。

「おまえさんもはいるかね。」セロ弾きはおっかさんの野ねずみをセロの孔からくぐしてやろうとしましたが顔が半分しかはいりませんでした。

野ねずみはばたばたしながら中のこどもに叫びました。

「おまえそこはいいかい。落ちるときいつも教えるように足をそろえてうまく落ちたかい。」

「いい。うまく落ちた。」こどものねずみはまるで蚊《か》のような小さな声でセロの底で返事しました。

「大丈夫《だいじょうぶ》さ。だから泣き声出すなというんだ。」ゴーシュはおっかさんのねずみを下におろしてそれから弓をとって何とかラプソディとかいうものをごうごうがあがあ弾きました。するとおっかさんのねずみはいかにも心配そうにその音の工合《ぐあい》をきいていましたがとうとうこらえ切れなくなったふうで

「もう沢山《たくさん》です。どうか出してやってください。」と云いました。

「なあんだ、これでいいのか。」ゴーシュはセロをまげて孔のところに手をあてて待っていましたら間もなくこどものねずみが出てきました。ゴーシュは、だまってそれをおろしてやりました。見るとすっかり目をつぶってぶる

ぶるぶるぶるふるえていました。

「どうだったの。いいかい。気分は。」

こどものねずみはすこしもへんじもしないでまだしばらく眼をつぶったまぶるぶるぶるぶるふるえていましたがにわかに起きあがって走りだした。

「ああよくなったんだ。ありがとうございます。ありがとうございます。」

おっかさんのねずみもいっしょに走っていましたが、まもなくゴーシュの前に来てしきりにおじぎをしながら

「ありがとうございますありがとうございます」と十ばかり云いました。

ゴーシュは何がなかなかあいそうになって

「おい、おまえたちはパンはたべるのか。」とききました。

すると野鼠はびっくりしたようにきょろきょろあたりを見まわしてから

「いえ、もうおパンというものは小麦の粉をこねたりむしたりしてこしらえたものでふくふく膨《ふく》らんでいておいしいものなそうでございますが、そうでなくても私どもはおうちの戸棚《とだな》へなど参ったこともございませんし、ましって

これ位お世話になりながらどうしてそれを運びになんど参れましょう。」と云いました。

「いや、そのことではないんだ。ただたべるのかときいたんだ。ではたべるんだな。ちょっと待てよ。その腹の悪いこどもへやるからな。」

ゴーシュはセロを床へ置いて戸棚からパンを一つまみむしって野ねずみの前へ置きました。

野ねずみはもうまるでばかのようになって泣いたり笑ったりおじぎをしたりしてから大じそうにそれをくわえてこどもをさきに立てて外へ出て行きました。

「あああ。鼠と話するのもなかなかつかれるぞ。」ゴーシュはねどこへどっかり倒《たお》れてすぐぐうぐうねむってしまいました。

それから六日目の晩でした。金星音楽団の人たちは町の公会堂のホールの裏にある控室《ひかえしつ》へみんなぱっと顔をほてらしてめいめい楽器をもって、ぞろぞろホールの舞台《ぶたい》から引きあげて来ました。首尾よく第六交響曲を仕上げたのです。ホールでは拍手《はくしゅ》の音がまだ嵐《あらし》のように鳴って居《お》ります。楽長はポケットへ手をつっ込んで拍手なんかどうでもいいというようにのそのそみんなの間を歩きまわっていましたが、じつはどうして嬉《うれ》しさでいっぱいなのでした。みんなはたばこをくわえてマッチをすったり楽器をケースへ入れたりしました。

ホールはまだぱちぱち手が鳴っています。それどころではなくいよいよそれが高くなって何だかこわいような手がつけられないような音になりました。大きな白いリボンを胸につけた司会者がはいって来ました。

「アンコールをやっていますが、何かみじかいものでもきかせてやってくださいませんか。」

すると楽長がきっとなって答えました。「いけませんな。こういう大物のあとへ何を出したってこっちの気の済むようには行くもんでないんです。」

「では楽長さん出て一寸挨拶《ちょっとあいさつ》してください。」

「だめだ。おい、ゴーシュ君、何か出て弾いてやってくれ。」

「わたしがですか。」ゴーシュは呆気《あっけ》にとられました。

「君だ、君だ。」ヴァイオリンの一番の人がいきなり顔をあげて云いました。

「さあ出て行きたまえ。」楽長が云いました。みんなもセロをむりにゴーシュに持たせて扉《と》をあけるといきなり舞台へゴーシュを押《お》し出してしまいました。ゴーシュがその孔のあいたセロをもってじつに困ってしまって舞台へ出るとみんなはそら見ろというように一そうひどく手を叩《たた》きました。わあと叫んだものもあるようでした。

「どこまでひとをばかにするんだ。よし見ていろ。印度《インド》の虎狩《とらがり》をひいてやるから。」ゴーシュはすっかり落ちついて舞台のまん中へ出ました。

それからあの猫《ねこ》の来たときのようにまるで怒《おこ》った象のような勢《いきおい》で虎狩りを弾きました。ところが聴衆《ちょうしゅう》はしいんとなって一生けん命聞いています。ゴーシュはどんどん弾きました。猫が切ながってぱちぱち火花を出したところも過ぎました。扉へからだを何べんもぶっつけた所も過ぎました。

曲が終るとゴーシュはもうみんなの方などは見もせずちょうどその猫のよ

うにすばやくセロをもって楽屋へ遁《に》げ込みました。すると楽屋では楽長はじめ仲間がみんな火事にでもあったあとのように眼をじっとしてひっそりとすわり込んでいます。ゴーシュはやぶれかぶれだと思ってみんなの間をさっさとあるいて行って向うの長椅子《ながいす》へどっかりとからだをおろして足を組んですわりました。

するとみんなが一ぺんに顔をこっちへ向けてゴーシュを見ましたがやはりまじめでべつにわらっているようでもありませんでした。

「こんやは変な晩だなあ。」

ゴーシュは思いました。ところが楽長は立って云いました。

「ゴーシュ君、よかったぞお。あんな曲だけれどもここではみんなかなり本気になって聞いてたぞ。一週間か十日の間にずいぶん仕上げたなあ。十日前とくらべたらまるで赤ん坊と兵隊だ。やろうと思えばいつでもやれたんじゃないか、君。」

仲間もみんな立って来て「よかったぜ」とゴーシュに云いました。

「いや、からだが丈夫だからこんなこともできるよ。普通《ふつう》の人なら死んでしまうからな。」楽長が向うで云っていました。

その晩遅《おそ》くゴーシュは自分のうちへ帰って来ました。

そしてまた水をがぶがぶ呑《の》みました。それから窓をあけていつかかっこうの飛んで行ったと思った遠くのそらをながめながら

「ああかっこう。あのときはすまなかったなあ。おれは怒ったんじゃなかったんだ。」と云いました。

底本　『新編　銀河鉄道の夜』（新潮文庫）

第四章

命の水

二〇〇五年八月二十日（中村哲58歳）

――アフガニスタンのナンガラハル州の地域に、クナール河から水を引く灌漑《かんがい》用水路の掘削工事をずっと続けておられたのですが、今年（二〇〇五年）の五月から、実際に灌漑を始めたのだそうですね。

中村　着工がちょうど二年前でしたので、二年かかってやっと、第一弾の灌漑が開始されたということです。

それまで一木一草もない、本当に砂漠化していた地域なんです。住民は五、六年前から村を空けはじめて、ほとんど無人地帯になっていた。そこに水が来たものですから、五〇〇町歩（ヘクタール）と言いますとこれはかなり大きなもので、一つの村が完全に復活しました。工事の苦労ももちろんありましたけれども、第一弾にしては素晴らしい成果だと、われながらうれしかったですね。

――もともとはそこに村があって、人々は農業を営んでいたわけですね。

中村　そうです。はじめから無人の荒野ではなくて、もともとそこで農業をおこなって生計を立てていた多くの村人がいた。そこが、いったん廃村と言いますか、村人が難民となっていなくなっていた。そこに水が来たので、みんな喜んで帰ってきたということなんですね。

――そこで農業が営まれていた頃は、どんなものがつくられていたのでしょう。

中村　やはり乾燥地帯でありますから、小麦、トウモロコシ、それからスイカだの、メロンだの、比較的乾燥に強い作付けですね、これが中心でした。

――また水が来れば、そういった作物をこれから植えていくわけですね。

中村　そうですね、もちろんそういうのも植えられますし、わたしたちが送る水量はかなり豊富なので、なかには水田ができまして、米の作付けも可能になっています。

――用水路の長さはどのくらいですか。

中村　一三・五キロですが、そのうち、現在七・五キロ地点までほぼ完成いたしまして、水が通るのを確認しています。今回は第一弾の灌漑ということで、約十分の一の水量を五〇〇ヘクタールの地域に回しまして、完成のあかつきには、その約十倍弱の四〇〇〇～五〇〇〇ヘクタールの灌漑が可能になるだろうということで、今回は、試験的なケースとしても一つの山だったわけです。

――アフガニスタンの大旱魃は、もう六年目に入ったと聞きますが、その影響はアフガニスタン全土に広がっているのですか。

中村　ええ、ほぼ全土に近いと思います。全土と申しましても、アフガニスタンのほとんどは四〇〇〇メートル級の山々の雪解け水に依存した地域で、この地域が壊滅状態に近い。細々と生き残っておるのが、六〇〇〇〜七〇〇〇メートル級の山から流れてくる大河の周辺ということ。わたしたちとしては、この大河の水を利用しない手はないということで、この用水路掘削の計画が実施されたわけです。

――アフガニスタン政府は対策を講じているのですか。

中村　アフガニスタン政府は、政権がどんなに代わっても、やっぱり国としてこの旱魃は放置できませんから、何か講じたいと思うんですけれども、なにせ国に予算がない。

もっと言いますなら、外国で報じられる場合は、教育が足りないだとか、道路が整備されていないだとか、そういう、どうしてもわれわれ外国人の着想でいろんなプロジェクトが組まれるケースが多いわけでして。アフガン政府としても、それに対して不満を持っている。つまり、やりたいけれども、財政は外国団体を通して支援がおこなわれるのでやりにくいということがあって。これも一つの問題ではないかなと、わたしたちは感じるわけですね。

去年、カルザイ政権が、正規の手続きを一応踏んで訴えたことは、「外国団体ではなくて、われわれアフガン政府に直接支援をしてほしい」というのが第一声でした。

――その大旱魃ですけれども、ヒンズークッシュ山脈の雪が少ないということですが、改善の見込みというのはあるのですか。

中村　中・長期的に見ますと、これは一時的な改善はあっても、常に右肩下がりと言いますか、悪くなっていくだろうというのがわたしたちの見通しですね。と申しますのは、ヒンズークッシュの山の雪の減少というのは、もう二十数年前、わたしが最初に山岳会で行ったときから真夏の雪の雪線が年々上昇してくるということで、山岳会の人が危機感と言いますか、行ってみたけれど雪が全然降っていなかったという話が多くて、だんだん事情は悪くなっている。アフガニスタンの農業の要である、夏の雪解け水が年々減少してきている。あるいは、そこそこに雪が降りましても、温暖化のために急激に解けて、洪水が増えるけれども、常に使える水が著しく減ってくるということが、この十年前後、徐々に徐々に悪くなってきていたわけですね。そこに五年前（二〇〇〇年）の大旱魃でさらに悪化した。

――今年の状況はどうなんですか。

中村　今年は、はじめは雪が比較的多かったので、わたしたちは喜んでいたんです。「これは旱魃も少し収まるかな」と思っていたら、五月頃から異常な高温と言いますか、熱波が現地を襲いまして、記録を更新する高温になりました。五三℃ですか、これが六月頃の気温で、そのためにせっかく降りました雪が、これは裏目に出て、一挙にこの雪が解け出して、いま大洪水の状態です。

――いまですか。

中村 ええ、インダス河の支流域全域にわたりまして、川の水位が一・五～二メートルも平年より上がりまして、あちこちで水害による被害が出まして。アフガニスタン全体で、百数十名の死亡者が出たというふうに報じられておりました。

――インダス河がそういう状態だと、パキスタンのほうも水害ですか。

中村 そうですね、パキスタンのペシャワールはもちろん、それからさらに下ってパンジャーブ地方も洪水で相当な被害が出て、死亡者だけで数百名出ているそうですね。

――つづいては、灌漑用水路のお話を少し詳しく伺いたいのですが、クナール河というのはどのぐらいの大河でしょうか。

中村 インダス河支流のうちで、一番大きな支流の一つですね。しかも、六〇〇〇～七〇〇〇メートル級の山から雪が解けてきますから、単に水量が多いというだけではなくて、温暖化にも向こう何世紀かは耐え得るだろうということで、わたしたちはそこからの取水をまず考えました。

――クナール河からの灌漑を計画した、そのねらいを少し話していただけますか。

中村 先ほども申しましたが、四〇〇〇メートル級の山々と、それ以上の山々の水に依存している地域では、旱魃に非常な差がありまして、一番ひどいのは、ヒンズークッシュ山脈では比較的低いと言われる四〇〇〇メートル級の山々の雪に依存していた地域です。そこで、わたしたちは、二つの戦略と言いますか、事業の方向づけをしました。

一つは、この比較的低い山々については、いままで雪が「貯水槽」であったのですから、その下流と言いますか、低いところに無数の溜め池をつくって対処する以外ないだろうと。つまり、上で溜めていたものを下で溜めなくては、ということですね。

それから、六〇〇〇～七〇〇〇メートル級の大きな山は、向こう何世紀かは雪がなくなることはないだろうという想定のもとに、その雪解け水による大河から長い用水路を引いて旱魃地帯を潤す。この二本立てで、いま仕事を進めているわけですね。

――用水路の場合、設計のためのいろんな調査もあったでしょうし、土地の所有権の問題もあったかと思うんですが、そうしたことを、地元の行政当局と交渉しながらやっていったのでしょうか。

中村　これはですね、アフガニスタンという国柄が、一極集中のような、いわゆる先進国の国柄と違いまして、地域の独立割拠性が強いので、地域の地元行政もありますし、それから主には、地域の長老会と言いまして、いわば日本で言う自治会だとか隣組を大きくしたようなものですかね、そういうところと交渉しながら話を進めていくという手順を踏んできたわけです。

——当然、土木工事の専門家の知恵も必要だったわけですよね。

中村　農業土木という分野ですけれど、これは、わたしが自分でやりました。というのは、現在、日本でそれなりの専門家はたくさんおられますけれども、農業土木自身が日本ではもう衰退と言いますか、あまりそれに携わる人はいない。都市用水が中心です。

土木技術そのものについては専門家がおられますので、相談してやりましたけれども、わたしたちが参考にしたのは、日本の古い農業施設、だいたい戦国時代から江戸時代にかけて完成された農業土木技術、このコピーをつくったというのが正しいでしょうね。

——そういう知識を研究されたのですか。

中村　研究というほど大げさなものではないですが、実際に、現場に行きまして。

——日本で、ですか。

中村　日本で、いろんな古くから残っている水利施設を見て、それを模倣して。もちろん流量計算とか、どれくらいの水をどれくらいの川の幅で取水するかとか、それは専門家に相談しながら、傾斜を一キロ当たり一メートル落とすとか、五〇センチ落とすとか、川幅をどれだけ取ったらいいのかというのは理論的にやりましたけれど、基本的に、現地の実情に合わせた素材で、現地で入手できるいろんな道具で考えないとやはり実際の土木は進められませんので、基本的にはわたしが設計したということですね。

――実際に着工となると、今度は作業する人手が要りますよね。

中村　ええ、これもはじめはほとんど人海戦術と言いますか、シャベルとツルハシが主な道具でした。岩盤回りだけは発破作業に頼るという状態で始まったわけですね。

――地元の人たちがその作業に携わったわけですね。

中村　全部、地元の人たちですね。もちろん、地元の技術者もいますけれども、ほとんどそんな土木事業は体験したことのない人たち。それは地元の農民たち、すなわち難民でありますけれども、難民生活を捨ててせっかくふるさとに戻っても、また昔の自分の家に帰りましても、先ほども言いましたように、そこで農耕ができない。ということは食べていけないわけですね。そういう人たちを中心に作業が進んだというのが、はじめの頃の実態でした。

――そうすると、そういう人たちに日当を払わなければいけませんね。その資金、工事全体の資金は、ペシャワール会で全部賄ったんですか。

中村　そうです、一〇〇パーセント、ペシャワール会です。支出に、工事に必要な資材、機材は入っておりますけれども、労賃も大きな比重を占めておりまして。日当として配られる資金ですね。

帰ってきて職がない、農耕もできない人たちにとっては貴重な収入源として、パキスタンに難民として戻らずとも済むということで、みんな希望を持って、一体になって働いてきたわけです。

――それは要するに、日本の人たちの募金、ペシャワール会の会員の募金というかたちで賄われたということですか。

中村 そういうことですね。これは一〇〇パーセント募金に拠ります。いままで用水路だけで約四億円以上使っておりますけれども、これも全て、日本の約一万三〇〇〇名の人たちの募金に拠ります。

――そうですか。そう考えると、募金した人たちにとってはとてもいいものができたということですよね。

中村 そうですね。わたしたちは会社でもありませんし、別に募金者を喜ばせるつもりではありませんけれども、やはりこれは、地元の人々がそういうかたちで、命の源と言えば大げさですけれども、水を得て、そこで昔ながらに生活ができるようになる、そのことに募金した人が手を貸すということになれば、わたしが募金者ならうれしいでしょうね。

――いま、どれくらいの人たちが戻ってきた状況なのでしょうか。

中村 わたしたちの推定では、この旱魃のためにアフガニスタン東部全域で数十万人の人が難民化したというのは確実ですが、最終的に水路で潤う地帯だけで約十万人弱、今度の灌漑第一弾で戻ってきたのは約五〇〇〇名以上ということですね。一つの村が復活したわけですね。

――この用水路建設に関わることで、大きな出来事、あるいは難問というのはいくつもあったと思うのですが。

中村　これはたくさんありますけれども、まず、日本だったらトンネルの技術が発達していますから、固い岩盤なんかあっという間に、お金をかけてガリガリと掘ってしまうわけです。しかし、われわれは近代的な掘削機械を持たないので、それを手づくりでやろうというのは大変なことですね。

場所によっては、巨大な埋め立てをしなくてはいけない。それから、岩盤の掘削を一〇〇メートル近くしなくてはいけないという地点があったり、埋め立て地の上に水路を通すというのはリスクが非常に高いので、素材の研究なんかも自分たちでやらなくてはいけない。

石材は豊富なので、針金のカゴに石を詰めたものを蛇籠《じゃかご》と言いますけれど、これを護岸に使いました。そのための蛇籠の生産も自分たちでしなくてはいけない。まあ、自分たちでやることずくめでしたね。

――水路に沿って、柳の木をずいぶんたくさん植えたそうですね。

中村　ええ、これもけっしてわたしたちの独創的なアイデアではなくて、日本でも川端柳というのは風景に溶け込んでおりますけれども、アフガニスタンでも、水路というと必ず柳を植えるんです。なぜかと言いますと、柳の根っこというのは、水を求めてどんどん根を張る。そのために、根っこがちょうど絨毯《じゅうたん》のように川底に敷き詰められるようなかたちになって、川底を保護するということです。

かつては護岸、それから水路の保護に、西アジアから東アジアに至るまでアジア全般で、柳を植えるというのが農業とともに一般化していたわけですね。われわれは農業離れしていますから、川端柳で、せいぜい怪談のときに出てくるとか、「何をくよくよ川端柳……」とか、風情《ふぜい》としてしか見ませんけれども、実際はそういう護岸として植えられるわけで、それは根っこが強いということですね。

蛇籠の背面に柳の木を密に植えますと、その根が水路を包んでくれます。蛇籠は針金のカゴですから、何十年かすると、やがて錆《さ》びてなくなる。しかし針金が錆びましても、その間に柳が繁殖しますと、ちょうど生きた蛇籠のように、この石を抱えて保護するわけですね。そういう意味で、柳をまず植えて護岸のために使用すると。第二段階として、ほかの植樹もしようということです。

――もう柳の緑が見える地域もあるのですか。

中村　柳は成長が早いので、昨年植えたのが一・六キロ、これが現在、高いところで四メートル以上に成長いたしまして、柳並木の素晴らしい光景が見られます。ただ、見た目にはたしかに風情がありますけれども、目的はですね、水路保護ということでして。水路を堅牢《けんろう》にした上で、ほかの植樹もしようということなんですね。

――ペシャワール会ではすでに、井戸を一三〇〇本以上掘りましたね。

中村　完成したものが一三〇〇本以上。これによって、畑はともかく、その村を離れずにすむといった人口が約三五万人。これが、本来なら難民化すべきところを繋ぎ止められておるということで、これもわたしたちとしてはうれしい悲鳴とでも申しますか。

現在、それを全部管理するというのは不可能に陥って、建て直しを図っていますけれども、これもいい仕事ではなかったかなと思っています。

――そのほかに、大旱魃対策としてこれから計画していらっしゃることもあるんですか。

中村　まずは用水路建設というのが最大の仕事ですけれども、そのほかに、乾燥に強い作物の研究、まあ現地はですね、いくら用水路を通しましても水不足が完全に解消するということはないわけですから、いかに少ない水で、いかに多くの農業生産物をつくるかという研究もやっています。

さらにいま、アフガニスタンの抱えている大きな問題はケシ栽培です。ケシは乾燥に強いので、手っ取り早い現金収入を得る手段として、農民たちがケシの作付けをするという悪循環になっています。アフガニスタンは、現在、世界の麻薬の七割以上を供給するという状態になっておりまして、この撲滅というのはいくら取り締まっても駄目で、やはり、その土地で暮らす農民たちが安心して生活できるようにしなければ、永久にこれはなくならないわけでして。わたしたちはそれに代わる換金作物ということで、お茶の栽培を根気よく続けておるところです。

——日本茶ですか。

中村　ええ、緑茶です。緑茶を消費する国は、モロッコとアフガニスタンと日本と、この三つです。中国でもありますけれども、主流は蒸したお茶とかいろいろなのが出回っていて、緑茶を主に消費するというのはこの三か国。ただ、アフガニスタンの場合、お茶はよそから持ってきますので、これが自分の国でできますと、一石二鳥と言いますか、ありがたいことだと思うんですね。

——試験的にやっているところですか。

中村　この乾燥地域ではもちろんお茶は適していませんけれども、気候条件によっては可能ではないかと思えるところがたくさんあるわけで、いま、それを一生懸命やっています。

――　中村さんはPMS病院の総院長をなさっているので、ペシャワールの病院のいまの活動状況というものを少しお話しいただけますか。

中村　これは基地病院でありますし、病院であると同時に、水プロジェクトと言いますか、飲料用水の確保、それから用水路建設なんかもだいたいそこが全面的にバックアップして成り立っているんです。

というのは、やっぱり、水と医療というのは、切っても切れない関係にありまして。わたしたちが水のプロジェクトに手をつけたのも、病気になった人を高い薬を使って治すよりも、病気にならないほうがはるかに経済的でもあるし、患者さんも助かるからです。それで、清潔な飲料水を確保すれば、下痢で次々と死んでいく子どもたちはいなくなるだろうということでこの仕事が始まった。そのバックアップを全面的にやっているということはあまり知られていないですね。

医療活動そのものは、現在、病院は安泰ですけれども、残念ながらその周辺の診療所、特にアフガニスタンの無医地区に置かれた診療所二つが、一時停止に追い込まれているという実情があります。

――　ペシャワールの基地病院はパキスタンだけれども、国境を越えてアフガニスタンにも診療所を置いていたわけですね。そのうちの、山村部の診療所、ダラエピーチとワマの診療所が活動停止に追い込まれたと。

中村　ええ、これも、現地で何が起きているかというのを皆さんにわかってもらうためにはいいと思いますが。アフガニスタンの問題は日本から忘れられていて、「何となく、落ち着いたのではなかろうか」と皆さん思っておられますが、実態は逆で、戦闘区域はますます拡大している。アメリカ軍もますます増強されてくるという現実があります。

アフガン空爆中でさえ、わたしたちは活動を休んだことがなかったのに、現在は「アルカイダ討伐」と称して兵隊が入ってくる、米軍が入ってくる、それに対して地域住民が抵抗するというかたちで、平和を守るためにやって来たはずの軍隊が、至るところでですね、血なまぐさい事件が増えていくという実態があります。このことはあんまりよく知られていないですね。

――そのために、その二つの診療所は、行き来も含めて、非常に危険な状態になったわけですか。

中村　そういうことですね。かつては、あれほど安全なところはなかった。住民たちとわたしたちの間に深い繋がりもあったわけですね。ところが、それでさえも職員を送れない状態になった。外国の、特に米軍の軍事活動が入ってきたがために、わたしたちの活動が一時停止に追い込まれたというのは、皮肉なことだと思いますね。

「わたしたちが参考にしたのは、日本の古い農業施設、
だいたい戦国時代から江戸時代にかけて完成された農業土木技術、
このコピーをつくったというのが正しいでしょうね」

「石材は豊富なので、
針金のカゴに石をつめたものを蛇籠と言いますけれど、これを護岸に使いました。
そのための蛇籠の生産も自分たちでしなくてはいけない。
まあ、自分たちでやることずくめでしたね」

「蛇籠の背面に柳の木を密に植えますと、
その根が水路を包んでくれます。
蛇籠は針金のカゴですから、
何十年かすると、やがて錆びてなくなる。
しかし針金が錆びましても、
その間に柳が繁殖しますと、
ちょうど生きた蛇籠のように、
この石を抱えて
保護するわけですね」

――その二つの診療所がカバーしていた地域の住民は、医療についてはどういう状況に置かれているのでしょうか。

中村　それに代わる人たちが入ってきているとは思いますけれども、わたしたちが不可解なのは、米軍の、あるいは外国軍の保護下でいろんな福祉活動をすると、このことが、わたしたちも米軍と一緒にやって来た協力者とみなされやすいわけですね。あらぬ誤解を受ける。ＮＧＯを含めて、米軍とともに攻撃の対象になるという悪循環なんですね。

日本の皆さん、それからアメリカの人々に訴えたいのは、軍事活動でよくなった地域は一つもなかったということ。軍事活動が入ってくるところは、騒ぎがますます大きくなる、死亡者が増える、それから福祉活動も困難になるという実情が、そこにあったわけですね。

――ますます戦闘が広がってきているというお話もありましたが、日本の新聞のつい最近の記事でも、用水路を建設したアフガニスタン東部のナンガラハル州で、アメリカ軍が武装勢力の掃討作戦をして、その空爆で市民一七人が死亡したとか、あるいは、アフガニスタン東部で、アメリカ軍のヘリコプターが武装勢力に撃墜されて、アメリカ兵が一六人死亡したとか、アフガニスタン軍とアメリカ軍がタリバン兵士一〇〇人以上を殺害したとか、そういうニュースが、記事としては小さいですけれども出ています。

中村　アフガニスタンの血なまぐさい事件、それはイラクに勝るとも劣らず増加しているというのが現実です。先ほど言いましたように、武装勢力と言っても、これは地域住民そのものであるわけでありまして、外国に対する不信感、「自分の国に、なんでそんなにズカズカやって来るんだ」という、みんなの反感が背景にあるということを、案外、わたしたちはよくわかっていないんですね。

しかも、関心が遠ざかるとニュース性も薄くなってきますし、何となくアフガニスタンは落ち着いたのではないかなと思っていますが、これはだんだんひどくなってきておるというのが実情ですね。

——アフガニスタンの人々の、日本人を見る目というのはどうでしょうか。

中村 ずいぶん変わりましたね。特にイラクへの自衛隊派遣ですか、あれ以来ですね、「やっぱり日本も同じなのか」というのが、まあ直接にはそういうことは言えませんけれども、偽らざる、人々の一般的な気持ちでしょうね。

ただ、いまの中堅の世代は日本に対する尊敬が残っていますので、しばらく大丈夫かもしれませんけれども、次の世代になると、これは明らかに同じ穴の狢《むじな》として、英米と同列の目で見られて、攻撃の対象になるということは十分考えられます。

——中村さんが現地にいて、ぜひ日本人に知ってほしいことというのは何でしょうか。

中村 おそらくアフガニスタンだけではないと思いますけれども、この旱魃問題、地球環境問題というのは、わたしたちの想像力を超えるものがある。それが実際に目の前で展開していれば別として、日本では、もちろん水害や洪水や旱魃もありますけれども、桁外れの破壊的な作用があちこちで起こっているということは、ぜひ、知ってもらっていいのではないか。

それまで人々が平和に暮らしていた地域が、あっという間に砂漠化して、人が住む空間が次第になくなってくるという、この恐怖感。これはもう戦争どころではないではないかと。武力を行使する前に、もっと考えなければいけないこと、実施しなければいけないことがたくさんあるではないかと、わたしはこのごろ痛切に思うんですね。

「平和、平和」と言うけれども、それは政治的にどうこうというよりも、みんなが考えて、知恵を出し合って、それが人間がつくり出した災害であるならば直すようにするとか、あるいは、この旱魃で困ったところを、もうちょっと支援して危機意識を持ってもらうとかいうことがないと、大きな動きにならないと、わたしは思いますね。

――水路が完成して水が来たときの、地元の農民の人たちの喜びというのは大きかったでしょうね。

中村　これはですね、まずは人間ですね、食べていく、食べ物をつくるという営みは、人類が滅びるまで消えないわけでして、それをまさに実感しましたですね。いままで「もう駄目かな」と思っていたところに、ドーッと、しかも二十四時間、それまで雨水に頼ったり、あるいは外国人が来てパッと川の水揚げポンプを配っていく、しかし燃料は自分持ちで細々と農耕を営まざるを得ないところに、あるいは砂漠化するというところに、二十四時間、使いたい放題水が来るという、これはやっぱりわたしたちが見ても気持ちがよかったですね。

教育の問題、女性の問題もありますけれども、何よりも喜んだのは女の人たちであり、子どもたちであった。たとえば、川の水を汲《く》む労働というのは、農村女性の労働の中で一番辛い仕事だったんです。川まで降りていって、汲んでくる水は普通泥水ですから、沈殿するのを待って、そしてそれを料理やお茶に使うという労働がなくなって、家の前にきれいな水が来る、これはうれしいことなんですね。

子どもにしましても、いままで土埃《つちぼこり》の中で、体を洗うこともなかったのが、真っ先に来るのは、牛と馬と、子どもだったですね、水浴びに、水遊びに来るんです。そうして毎日遊んでいると、病気にならなくなる。病気が目に見えて減ったということで、いろんな意味で、

男も、女も、子どもも、

動物も、昆虫も、鳥も
みんな喜んだと思いますね。
やっぱり命というのはですね、
水が元手なんだなあと、
わたしはつくづく思いましたですね。

——その命の水に接したときの笑顔はよかったでしょうね。

中村　ええ、
みんなですね、本当に喜んでいましたね。
これは、なかなか口では言いがたいものでありまして。
やっぱり、
一つの奇跡を見るような思いがしましたですね。

――中村さんは、「希望はけっして人の世界にはなく、自然の恵みにあるのだ」というふうにも書いていらっしゃいますね。

中村　はい、そのとおりだと思いますね。わたしたちが考えつく知恵というのは、たかがしれたもので。それに基づいて、戦争をしたり、殺し合いをしたり、恨みあったりするよりも、自然ももちろん災害も起こしますけれども、恵みも準備してくれているわけですね。

どういうふうなかたちで恵みを受け取るかというのを探し出して、それをわたしたちにも役立てると言いますか、お裾分《すそわ》けをもらうと、こういう知恵が、わたしたちを気持ちの上でも平和にしていくのではないかなと、わたしは思います。

第五章

難民と真珠の水

二〇〇六年九月十六日（中村哲60歳）

――アフガニスタンという国は、もともとは、食糧は非常に豊富なところだったそうですね。

中村 そうですね、農業生産物の輸出国だった。人口二四〇〇万人と言われておりますが、その八割以上が農民、遊牧民が一割と言われている国で、全体として農業国家です。しかも、輸出するだけではなくて、各地域それぞれが、ほとんどの食べ物は自分のところで生産する、自給自足と言いますか。

――そのアフガニスタンで、二〇〇〇年から大旱魃が始まった。いまの旱魃の全体状況というのはどうなんですか。

中村 あまり知られていませんけれども、これはかなりひどい状態でして。二〇〇〇年の夏に、大きな問題として現地では取り上げられましたが、その状態は、いまも進行しながら拡大しているということになりますね。

端的にこれを示す数字が、空爆が終わって、アフガン復興ブームが起きる時期に、難民帰還プロジェクトというのが国連の手で実施されますが、そのとき、パキスタンにいたアフガニスタン難民が約二〇〇万人、これを、毎年一〇〇万人のペースで帰すということだったんですけれども、その後、五、六年経ちまして、いま、パキスタンにアフガニスタンの難民がどれぐらいいるかと言いますと、約三〇〇万人。パキスタンにいる二〇〇万人難民のうち、百数十万人を帰したと一年後に発表されましたけれども、それが三〇〇万人に増えている。

つまり、昔の生活ができる、少なくとも生活には困らないという宣伝で帰りまして、帰ってみたものの、自分のふるさとでは食べ物が採れない。代わりに現金収入を求めて都市に行きましても仕事がないということで、ほとんどの人々が戻ってきたということですね。

さらにまた、それに追い打ちをかけるように、農地の砂漠化というのは続いておりますので、その分だけ増えたと考えて差し支えないのではないかと思います。

――主には、中村さんたちの病院があるパキスタンの北西辺境州に、アフガニスタンからの難民が流れてきているわけですか。

中村　そうですね。北西辺境州とアフガニスタン東部との結びつきは非常に強いので、人々は自由自在に行けるということもありますが、生活の根拠地を奪われて、パキスタン側に来ざるを得なかったということなんでしょうね。

――アフガニスタン国内でも、難民化している人たちは移動しているわけですか。

中村　ええ、もちろんそうです。これも大きな問題になっておりまして。その数は一〇〇万人を下らないだろうと、現在のアフガン政府自身が認めているわけですね。まともに食物にありつける人々が国民の半分以下だと悲鳴を上げている現状が、なかなか伝わってこないですね。

――　ペシャワール会では、医療活動と並行して、大旱魃が起きてすぐに水源確保事業に取り組んで、アフガニスタンの北東部に一四〇〇本を超える井戸を掘った。そして二〇〇三年からは、その地域に全長一三キロの用水路の掘削工事を始めて、いまもこれは続いている。今年（二〇〇六年）の四月の段階で一〇・二キロまで完成したということを会報で読みましたけれども、いまはどれぐらいまで進んでいるのですか。

中村　いま約一〇・五キロまで完成しておりまして、あと約二キロで第一期工事が完成しますと、最低四〇〇〇ヘクタールの農地が復活するというのが確実な見通しとなってきたわけですね。

――　もうすでに、第一次灌水、第二次灌水と始まっていまして、いまの段階でどれぐらいの農地に水が行っているのですか。

中村　直接わたしたちの水路で灌漑し得るものが、約五〇〇ヘクタール以上、それから、ほかの用水路、これは、ほかの用水路もかなりのダメージを受けておりまして、水が取れないところにわたしたちの余り水を送って灌漑し得る面積は約一〇〇〇〇ヘクタール、ですから合計で約一五〇〇ヘクタールぐらいは灌漑できているということですね。

――用水路には水がたっぷり流れていて、両側の木は柳ですか。

中村　柳です。

――もうずいぶん大きくなりましたね。これは中村さんたちが植えたわけですね。

中村　そうです。柳だけで約一〇万本が植えられました。そのほかに、桑の木、オリーブの木などを植えております。

――それは、護岸という目的もあるわけですか。

中村　水路の護岸には、必ず柳が植えられるんです。柳の根っこというのは、本当にこうびっしりと、地中深く、水辺にくまなく行き渡りまして、まるで絨毯のようにフワッと水路を包み、石垣の間にも入り込むわけですね。そうすると、石垣はガッチリと柳の根っこで支えられまして、生きたワイヤーとでも申しますかね、そういう状態になります。たとえ蛇籠の針金が錆びて腐ることがありましても、その代わりに柳の根っこがこれを守ってくれると、こういうことなんですね。

――今年の八月に鉄砲水があって、水路がだいぶ被害を受けたのですか。

中村　そうですね。わたしたちが心配していたのは、いまは水路の五分の一の水量を流しているけれども、果たして五倍の水量に耐え得るかというのが一つの不安でした。完成した状態で水深一・二〜一・五メートルを予測していましたが、今回の鉄砲水によりまして水深約三メートルの水がダーッと流れ下っていった。

ところが、水路自体はほぼ無傷だったということで、わたしたちは自信を持ったというか、この石と柳の組み合わせによる護岸がいかに強靭《きょうじん》なものかというのを実証したようで、半ばうれしかったですね。

―― 今夏のその鉄砲水というのは、どうしてそういう状況になったのですか。

中村 これは、横で道路工事をしております米軍の下請け会社が、自然の流れを無視しまして、取水口の近くでそれをふさぐようなかたちでセメント工場らしきものを建てていたんです。それが自然の流れをふさぎまして、その流れが取水口のほうにドーッと来ると、取水口付近が埋まるという事態が生じたわけですね。

―― 人的な災害と言いますか……。

中村 そうです。だから、元の流れを復活せよと、わたしたちが強硬に言いまして。米軍当局に談判いたしまして、これを回復するということをやりました。

―― 一五〇〇ヘクタールの土地に水が行くことによって、砂漠だった土地がどんなふうに変わってきていますか。

中村　わたしたちも驚きましたが、まともな灌漑が始まったのが、ちょうど去年（二〇〇五年）の四月です。それまで、もうここには人が住めないとお墨付きで言っていたところが、たちまち緑の畑に変わっていくというのが、実際この一年間で次々と起きてきまして、うれしい悲鳴だったですね。

そのために、もちろん人々は帰ってくる。その前から、噂を聞いて帰ってきてはいましたけれども、半信半疑であったというのが実情だったのではないでしょうかね。それまで、もう故郷には住めないと思っていた人たちが続々と帰ってきて、村が次々と復活していくという、まあ、奇跡的とも言えることが起きたわけですね。

――どれぐらいの人たちが帰ってきたんですか。

中村　おそらく数千名だと思います。これはまだ手始めで、おそらく、最終的に数万の単位で人々が生きていける条件が整うのではないかと思いますね。

――そして、作物がいろいろ植えつけられるわけですよね。

中村　はい、現地は小麦が主体で、小麦からつくったナンが主食ですから。冬の取水が現地では最も重要ですけれど、取水口が大洪水でやられた場所が多いので、この浚渫《しゅんせつ》が不可能であっても、われわれの水で何とかこれを補えるということで、地域の人々は非常に喜んでいますね。

――ペシャワール会では、試験農場も持っていらっしゃるのですね。

中村　これも五年前（二〇〇一年）に発足いたしまして、少しずつ成果が出てきています。サツマイモをはじめとする、乾燥に強い食べ物の栽培、それから飼料ですね。

わりと向こうは乳製品をたくさん消費するので、家畜の餌は重要です。牛も栄養失調にかかっているわけで、これも何とかしようということで、特に冬の飼料ですね。簡単に保存できて、栄養価の高いものを真冬にも途切れずに食べさせるという工夫をしておりまして、これも広がる勢いを見せています。

――去年（二〇〇五年）の十一月に、その試験農場で収穫祭をやったそうですね。

中村　これは、かなり好評でして。意外だったのは、自分たちのために、日本米を一反ばかりつくらせました。これは自分たち用、しかも水田の様子を見ようということでつくったんですが、これが案外、人気がありまして。現地ではインディカ米といって長い米をつくるのですが、それよりもはるかに単位面積当たりの収量が高い。肥料なしでその状態ですから。現地では肥料が高いので、無農薬と言えば全部無農薬なんですね。その状態でもかなり単位面積当たりの収量が高いと。しかも、調理の仕方によってはけっこう食えるじゃないかということで、「分けてくれ」という農家が多くて。これも広がる勢いを見せているんですね。

――試験農場で試して、収穫祭でみんな試食をしたりして「これはいける」と。それで、自分たちもこれからは自分の畑で、田んぼでつくろうというわけですね。

中村　はい、そういうことですね。こっち側がいくらいいと思って、たとえば、ソバなんかをつくってあげましても、やはりこれは、地域の食文化だとか、好みの問題があって、普及しないわけですね。

本当に受け入れられるものというのは、黙っていても普及していくというのが、わたしたちの経験で、たとえばサツマイモにいたしましても、広がるものは試験農場から盗まれるんです。夜中にこっそり、誰かが種芋《たねいも》を盗《と》っていく。そのうち種芋がなくなってきましたので、サツマイモは蔓《つる》からも増やせますから、「蔓も盗っちゃいかん」という噂を流しますと、翌日から今度は蔓が盗られる。これはですね、非常にわれわれとしてはうれしい兆候なんですね。

――そうやって広がっていくからですね。

中村　そういうことですね。

――作物のいろんな展開だけではなく、人材の育成として、普及担当農家というものもつくっているのだそうですね。

中村　ええ。われわれは長くはいるつもりですけれども、何十年いるかわからないわけですから。一世代、二世代、三世代先のことを考えますと、一遍だまされてもいいから試してみませんかというふうな、現地でそれなりの説得力のある人を選んでやる。これも大事な仕事ですね。

――そういう方たちが、まず試験的に栽培してくれる。また人気が出れば、それが広がっていくということでしょうか。

中村 そういうことですね。試験農場だけではなくて、協力する農家を増やしていく。彼らが試しにやってみまして、「これはいける」というものはですね、彼らが自動的に普及員のようになって広まっていくと、こういうことですね。

――そういう作物が栽培できるようになるという状況、加えて、きれいな水が流れるということは、住民の健康にとってもいいわけですね。

中村 これは、皆、口を揃えて、子どもの病気が著しく減ったとおっしゃるわけですね。われわれを喜ばせるためのサービスかなと思っていたら、そうではなくて。

やっぱり、水が通ってきますと、真っ先にやって来るのがトンボ、それから、そのあと魚だとかいろんな動物が入ってきますけれども、それから、現地の子どもなんですね。これが水浴びするというか、水の中で遊ぶ。それで体がきれいになると。それまでは、川は近くにありますけれども、これはとんでもない激流ですから、川にはまって死ぬ子どもが

「いま約一〇・五キロまで
完成しておりまして、
あと約二キロで
第一期工事が完成しますと、
最低四〇〇〇ヘクタールの
農地が復活する
というのが確実な見通しと
なってきたわけですね」

「たとえば
サツマイモにいたしましても、
広がるものは試験農場から
盗まれるんです。
夜中にこっそり、
誰か種芋を盗っていく。

そのうち種芋が
なくなってきましたので、
サツマイモは蔓からも
増やせますから、
「蔓も盗っちゃいかん」
という噂を流しますと、
翌日から蔓が盗られる。
これはですね、
非常に
われわれとしては
うれしい兆候なんですね」

「残りの二キロというのが一番の難所でして、
これを通過しますと、七キロというのは、
おそらく一年前後で
開通できます。
そうしますと、
それまで全く耕作が不可能な
不毛の荒野と呼ばれるガンベリという
砂漠が近くにありますが、
そこに水を垂れ流しに流せる
ということなんですね。
そうすると、
どれだけなのか予想はつきませんけれども、
かなりの耕作地ができる」

毎年絶えないわけですね。だから、ほとんど近寄らせない。かといって、水がない状態では、どうしても汚い水を飲まざるを得ないわけですから、そういう状態が解消される。

また、主婦の一番辛い労働というのは、そういった川まで降りていって川の水を汲みまして、家まで運んでいって、泥水ですから、何日か沈殿するのを待って、上水《うわみず》を使って料理だとか飲み水に使うということ。その作業が、ほぼ省略されるということで、喜んだのは主婦、さらに、清潔な飲料水が身近にあるということで、病気も減ってきたと。特に皮膚病なんか、あんなに泳いでいるとなくなるでしょうね。

――この一三キロの水路計画を、アーベ・マルワリード、「真珠の水」と呼ぶのだそうですね。

中村　そうですね、真珠、または真珠の水というペルシャ語ですけれども、そのとおり、きれいですね、見ていて。

――「真珠の水」という言葉に込めた思いというのは何でしょうか。

中村　真珠というのは、日本の名産でもあるし、日本の象徴でもあるということで、日本の協力でできたということを、われわれそういう見栄はあんまり張りたくないですけれども、ちょっとは形跡として残したいということですね。

――今年度中に一三キロを完成させて、来年度から、また新たに第二期工事七キロに着工するということですね。

中村　残りの二キロというのが一番の難所でして、これを通過しますと、七キロというのは、おそらく一年前後で開通できます。

そうしますと、それまで全く耕作が不可能な不毛の荒野と呼ばれるガンベリという砂漠が近くにありますが、そこに水を垂れ流しに流せるということなんですね。そうすると、どれだけなのか予想はつきませんけれども、かなりの耕作地ができる。

――用水路工事に携わった人々というのは、地元の方たちが多いのですか。

中村　ほぼ全て地元の人たちです。「ほぼ」というのは、日本人が少し入っているというだけで。それも、地元の技師だとかいわゆるインテリの人たちではなくて、地元の農民、それから、地元の運転手ですね、ダンプカーだとか重機の運転手、こういった人たちがつくったと言っても過言ではない。

基本的にわたしが設計して、流量計算をして、傾斜なんかを決定して、土手の構造なんかを決めますけれど、これを理解して忠実につくれるのは、現地の作業員、つまり現地の農民たちなんですね。

というのは、石を組んだり、あるいは植樹をしたりということで水路ができていくわけですが、石の取り扱いに現地の人々は非常に慣れておりまして。石材は無限大に近いぐらいあるんですね。これを上手に組み合わせて石垣をつくるという技術、石工の仕事に、彼らは非常に長《た》けているわけですね。だから、図面を、絵図面といったほうが正しいですが、図面を見せて「このとおりにつくってくれ」ということをやると、だいたいほぼそのとおりにつくります。

――そういう人たちは、もともとは農民だったり、運転手、技師とかもいるでしょうが、かつてはタリバン兵だったり、北部同盟の兵だったりした人たちもいるのだそうですね。

中村　現地は兵農未分化と言いますか、農民であるということは、同時に、戦闘員でもあるということですから。彼らが生活に困って手っ取り早い収入を得ようとすれば、まずどこかの政治グループの傭兵となっていくというのが、昔から一つの生計を立てる手段としてあったわけですね。だから、実際には傭兵ですから、相手が誰でもかまわないわけで。タリバンの傭兵であったこともあろうし、反タリバンの傭兵であったこともあろうし、なかには、米軍の傭兵という人たちもいたわけですね。

しかし、誰も、人殺しまでして食っていこうと思う人は数少ないわけでして、何と言ったって、自分たちは農民であるということに誇りを持っているような国ですから、やはり自分のふるさとで、自分の土地を耕して、自分の食べ物で、自立して生きていく、ということに誇りを持つ人たちなんですね。

だから、水が来るというのは非常に、彼らにとってはうれしいことで、まあこれは副産物でもありますけれども、そうやって傭兵となっていやいや現金収入を得るということもなくなってくるということですね。

——用水路のほうはそういうかたちでどんどん進行しているのですが、一方、一四〇〇本以上掘った井戸のほうは、二〇〇五年度に、全井戸事業を一時撤収して、立て直しをしたというふうに会報に書いてありましたね。

中村　これはですね、実は大きな問題と繫がっておりまして。単にわれわれの財政上の問題だけではなくて、地下水さえも涸れ始めているということなんです。この傾向は以前から見られておりましたけれども特に激しくなってきまして。一四〇〇本が水を出したと言っても、そのうちの約三分の二が、いったん涸れた井戸を再生したものです。その再生したものがまた涸れるということで、二度、三度、再掘削をしたというのがたくさんある。そうすると、これは泥沼状態でありまして。わたしたちとしては、より深い井戸を目指して、ボーリングに切り替えざるを得ない状態になってきた。つまり地下水も枯渇《こかつ》しはじめてきたわけですね。これは地表水を利用するのが最もいいというのが結論で、井戸事業は泥沼状態の中で一時撤収すると。

地下水利用は、基本的に細々と生活用水を得るだけで、公共の井戸を深いのを数少なく掘るという方針に切り替えて、この泥沼状態にいったん終止符を打ちまして、基本的には地表水の利用ということで、溜め池の造成、それから用水路の掘削ということになったわけですね。

――井戸については、ボーリングして、機械も使って、もっと深いところから地下水を吸い上げる井戸を、拠点につくろうというわけですか。

中村　そういうことですね。たとえば、村に一本、二本というかたちでつくっていって、それをみんなで生活のためだけに使う。煮炊《にた》きに使ったり、飲料用に使ったりということですね。いままでは、各家族で、家族といっても大家族で約数十名ですけれど、一本というようなかたちで進めておりましたが、これは無理だということで、村に一本、ないしは二本、そこにみんな水を取りに来て、生活の水はそこで使ってもらおうということです。

――今年の旱魃の状況は、どうでしょうか。

中村　おそらく、史上最悪になります。これはほかならぬアフガン政府、WHO、それからWFP、世界食糧計画が言っていることで。おそらくアフガニスタンは史上最悪の旱魃に見舞われるというのが確実視されています。

――今年、史上最悪になるだろうと言われている、その理由は何でしょうか。

中村　これはですね、この冬に降る雪が少なかったということ、それから、地下水が年々減ってきて、もう地下水さえも利用できなくなってきている。具体的に言うと、カレーズ、横井戸であるカレーズを利用する灌漑農法がほぼ不可能に陥っているということ。だから、アフガン政府を筆頭といたしまして、現地の農民は危機感を抱き、さらに、難民の数もどんどん増えていっているというのが現実ですね。

――二〇〇一年九月十一日のアメリカでの同時多発テロがあって、その後のアメリカによるアフガニスタンへの報復攻撃から五年経ったわけですが、中村さんは、戦禍《せんか》は拡大しているというふうに書いていらっしゃいましたね。

中村　明らかに拡大していると言って間違いないと思います。地元のニュース、それから国際ニュースがしばしば伝えておりますけれども、大きなニュースとしては取り上げられないというだけでありまして。実際、われわれが考えてもなかったような山の中で、日常的に戦闘が、ますます激しくなってくるということもあるわけですね。そのために、わたしたちは診療所を閉じざるを得ないという事態に遭遇しているわけで。これは確実に広がっている。

というのは、駐留している兵隊の数を見てもわかりますが、はじめにおりました米軍が一万二〇〇〇名、これがいま、一万八〇〇〇名まで増強されている。イギリス軍が四〇〇〇名を新たに増派する予定で、NATO軍一万数千名がさらに補助部隊として地方に展開するということも始められております。その他、カナダ、オーストラリア軍の増強が、現実に開始されているという状態です。

――戦う相手は、旧タリバン勢力ですか。

中村　ということになっておりますけれども、まあ、東部の農村地帯で見る限り、敵が誰かわからないというのが現実でありまして。実際に外国軍が入っていくと、怪しいということでいろんな施設を爆撃する。なかには、モスクだとか、学校だとかで被害者が出ました。モスクを爆撃するというのは、現地では、反タリバンでもやらないことです。それを異教徒の外国人がやるとなれば、反感が地域に広がるのは当然です。しかも、小学校がやられて子どもが死ぬとなれば、親がどう思うかというのは、想像されるとおりでして。これに対する反感によって、日々、外国人に対する反感が高まりつつある。

おまけに、これに拍車をかけるのが大旱魃。田舎で食えないものですから、都市に出ていく。大都市に行っても、見かけは華やかですけれども、ほとんどが失業者で溢れているという状態でして。またトボトボと、もと来た難民キャンプと言いますか、国外に逃れて出稼ぎ難民として生活せざるを得ない。

こういう追い詰められた状況の中で、「どうせ死ぬなら差し違えて」と、物騒なことを考える人たちが出てくるのは当然でありまして、これが治安悪化の背景にあるということは言えると思うんです。そのために戦禍が拡大する、それにますます反感を抱く。一方、食い詰めて悲壮な気分になるという悪循環が、いまできていると言っても過言ではないと思われるのですね。

タリバンというのも定義がはっきりしないわけで、タリバンについていろいろ見方はありますけれども、少なくとも、東部農村地帯におきましては、東部の農村地帯の価値観を極端なかたちで、あんまり極端すぎてわたしたちも疑問には思いますけれども、極端なかたちで体現した、いわば、国粋主義的な、地域主義的な集団であったわけですね。

ということは、アフガン人なら誰でもタリバン的な要素を持っているわけです。たとえば、あのカルザイ政権が、今年（二〇〇六年）になって、タリバン法とそっくりの法令を再復活させた。ジャララバードという東部の町では、三年前に、現行法律ではとても対処できないというので、反タリバンの権力がタリバン法を復活させた。こういう状況の中で、誰がタリバンなのか、タリバンでないのかという見分けがほとんどつきにくいという状態でしょうね。

――中村さんが書いていらした、外国軍は、誰が敵か味方かわからなくなり、疑心暗鬼《ぎしんあんき》に陥るというわけですね。

中村　はい。表向きは北部同盟軍に属していたり、タリバン軍に属していたりという人たちでも、同じ家族や同じ出身地ですと、その古巣に戻るとみんなひと続きなんですね。このあたりの事情がなかなか、外国人にはわからない点でありまして。

たとえば、白兵戦になって敵軍の中に自分の村と同じ人々がいるということがわかりますと、派手にドンパチをやって、的を外して撃って、そして日当だけはもらってくるという社会ですから、これは、誰が味方か敵か、わからないと思いますね。

共通して言えるのは、アフガニスタンはアフガン人のものであるというのは、タリバンであろうと、反タリバンであろうと思っていること。外国人の存在に対して、暴力的な介入ということについては、誰一人として快く思っている者はいないということは言えるでしょうね。

——二十一世紀初頭のこの五年間は、アフガニスタンの人々にとってはどういう時代だと、中村さんは思われますか。

中村　ええ、これはまあ、二十世紀の矛盾をそのまま極端なかたちで拡大再生産して引きずって、被害を受けたということでしょうね。直接見えるかたちの、戦争だとか、政治的な混乱だとかいうことだけではなくて、地球的な規模で進行する温暖化のツケをアフガニスタンは負わされてきたわけで、それが大旱魃というかたちで事態を一層ひどくしているということ。はたから見ますと、非常に気の毒な状態であったと。しわ寄せ、貧乏くじを引かされたという意味で、非常に気の毒な状態であったということは言えると思うんですね。

――アフガニスタンの人々にとって、いま最も必要なことというのは、どういうことだと思われますか。

中村　まず、普通の一般民衆、これは大半が農民でありますけれども、こういった人々が安心して暮らせる状態、具体的に言いますと、パンと水、食べ物と清潔な飲料水、これさえあれば、アフガン問題のほとんどが、わたしはかたが付くと思います。少なくとも、この戦乱状態も収まるだろうし、難民問題も解決するだろうというのが、わたしの見方というよりは、一般的な人々の見方でしょうね。

――中村さんたちが引いていらっしゃる水も、その水によって栽培できる小麦も、そのパンと水に繋がっているわけですね。

中村　そういうことですね。みんな、満足に食べられて、家族と一緒におられる、これ以上のことは、ほとんどの人は望んでいないんですね。まず、それさえ実現すれば、血なまぐさいこともずいぶん減るのではないかというのが、わたしたちの基本的な考え方で、地元の人々の心情でもあろうと思いますね。

――中村さんはお医者さんでいらっしゃいますし、アフガニスタンでの用水路工事とか、そういう活動のほかに、中心的な活動としては、パキスタンの北西辺境州の州都であるペシャワールに基地病院があって、そこの総院長をしていらっしゃるわけですけれども、そちらの医療活動の状況というのは、いまはどうなのでしょうか。

中村　いまはそういった戦禍の拡大という事情で、主には地方の診療所が一時休止に追い込まれているということ。それと、首都カブールに集まってくる国際医療組織が高給を出す、わたしたちの給料の十倍以上出すものですから、そうすると、やっぱりみんな、その高給に惹かれて、どんどんうちの病院を去って行くということで、医者が足りなくなるという事態が生じまして、いま、その立て直しに懸命の状態であるということです。簡単に言うと、全体として、昔ほどは振るわない状態が続いているということですね。

——中村さんの病院はパキスタンのペシャワールにあるわけですが、そこで働いているお医者さんとか医療スタッフの人たちも、アフガニスタンのカブールに引き抜かれていくわけですか。

中村　そういうことですね。そっちのほうが、ずいぶんな収入に繋がるわけですから、わたしたちも責めたくはありませんけれども、たくさんの家族を抱えている人々にとっては、一つの誘惑になるでしょうね。

——長年一緒に仕事をしてきた人たちもいるでしょうし、そういう意味では、やりきれない思いもおありでしょうね。

中村　たしかに、外国からたくさんの援助がやって来たということは歓迎すべきことですけれども、一面で、そういう陰の部分もあるということですね。

――とはいえ、昨年度でも九万人の人たちを基地病院で診療していらっしゃるのですね。

中村　ええ、基地病院と、アフガニスタンのダラエヌール診療所という、ちょうどわれわれが水を引いている場所の近くですけれども、それは休みなく続けられておりまして、むしろ、強化されているという状態です。しかし、スタッフ不足というのは否めない状態で、この確保に四苦八苦して、もう外人部隊でいいから来てくれということで、日本人のお医者さんだとか、看護師さんたちも、いま、募集中というところですね。

――ペシャワールで診療活動を始めて二十二年。中村さんのお誕生日が九月十五日ですね、この番組の放送が九月十六日なので六十歳になられるわけですけれど、この二十二年を振り返って、いま中村さんの胸にある思いというのはどういうことですか。

中村　そうですね、まあ、いろいろありましたけれども、もうここまで来ると、最後まで、バカは死ななきゃ治らないと言いますけれども、いまさらこの年になって新しいことを始めようとは思わないわけで。これは、死ぬまで、先を見届けようというふうに思っております。

またですね、けっこう楽しいこともたくさんあるんですね。

本来なら死ぬべき人が、

治って助かっていくだとか、

本来なら、この砂漠化で何万人も出た難民を出したところが、

水が流れてきて、

命がよみがえってくると言いますか、

トンボが来るわ、フナが来るわ、

アメンボが出てくるわ、で、

カエルは鳴くわ、魚が入ってくるわ、

鳥が来るわ、

おまけに人間もそこで一緒に仲良く暮らしていく

里ができていく、

これは見ていて楽しいものなんですね。

この楽しみだけは、

死ぬまで離したくないと、

こういうふうに思っております。

第六章

開通した命の用水路

二〇〇九年十二月五日　（中村哲63歳）

――アフガニスタン東北部のナンガラハル州ですか、そこに自分たちで灌漑用水路をつくろうと思ったのは、どういう理由だったのですか。

中村　二〇〇〇年から、わたしたちは水の問題に手を付けていて、まずは清潔な飲料水をということで、各地に井戸を掘って回ったんです。しかし、アフガニスタンというのは自給自足の農民が圧倒的に多いので、こういう人たちが、飲み水はあっても、暮らしはできないわけですね。食べ物がない。これはやっぱり、自分の故郷の村で自給自足で暮らせるような暮らしを取り戻すこと、これが難民をなくす一番の大きな力になるのではないかと思ったんです。

――かつてそのあたりは穀倉地帯だったのですか。

中村　そのとおりです。穀倉地帯です。全部これが乾燥して砂漠化してしまった。かつての豊かな田園地帯が、次々とそうやって砂漠化していくという現象が、全アフガニスタンで起こりつつあるわけですね。

――ダラエヌール渓谷の下流で着工式をしたのが二〇〇三年で、六年余りを経た今年（二〇〇九年）の八月に二四・三キロの全線が開通したと。

中村　そうですね。約六年と数か月かかっております。

――地元の人たちの喜びというのは大きかったでしょうね。

中村　なかにはですね、十年前に難民化して、噂を聞きつけて戻ってきたという人たちもたくさんおりましたですね。

――「水が引けたぞ」「農業ができるぞ」ということを聞いてですね。

中村　そういうことです。だから、アフガン難民というと、どうしても政治現象と考えられて、政治がどうのこうの、戦争がどうのこうの、という話になりやすいですが、生活者として見れば、端的に言うと、自分の村で耕して食べていくことができなかったので、いわば生活難民として国外に逃れたということなんでしょうね。

――そういう人たちの中から、一部の人たちが戻ってこられたと。

中村　わたしたちが手を付けたあたりがパキスタンに近いので、かなりの難民が帰ってきたのではないかと思いますよ。

――その六年余りの工事に従事した人々の数というと、どのぐらいになりますか。

中村　延べ、約六〇万人だろうと思います。

――その人たちは、一時は難民になった人たちでもあるわけですか。

中村　ほとんどはそういった人たちで、水路が来るという噂を聞きつけて村に戻った。水がないので生活はできませんが、その間、われわれの日当でその日をしのぎながら、そして水が来れば、これは自給自足ですから、自分たちで食べていけるわけですね。そういう方々が多かったですね。

――地元の人たちが本当に手作業で掘っていくのですね。

中村 そうですね、たくましいです。また、手作業しか通用しないというところもたくさんあって。機械力は必要ですけれども、機械力だけでできるところではないですね。

――地元の人たちがそれだけ頑張れるというのは、やっぱり、水が来れば自分たちはまた農業をして、ここで生活できるという期待があってのことですよね。

中村 もちろんそうです。そのために戻ってきたという人もたくさんいます。実際に作業員を見ていて、いままでのレギュラーメンバーがいなくなるので聞いてみると、「いや、自分の畑に水が来て、今度はその畑を耕すのに忙しいから」ということで、次の乾燥地帯の農民が増えてくると、まあそういうパターンだったですね。

――日本人のワーカーの人たちも、かなりの数、関わったわけですね。

中村 ええ、七〇~八〇人じゃないかと思います。常時、年間二〇名前後が入れ替わり立ち替わり協力していました。

――お医者さんの中村さんが、アフガニスタンで土木工事の陣頭指揮をする。これは、とても大変なことではないですか。

中村　医療事業を通じて、わりと顔見知りの人だとかがたくさんいたので、逆に言うと、それだけ村に馴染んだわたしが矢面《やおもて》に立つほうが、何かと指揮しやすいということもあったんです。

――護岸作業の一つでしょうか、蛇籠という大きな金網のカゴの中に石をたくさん詰めて、それを堤にしていくわけですね。

中村　いろんなかたちがありますが、われわれのは箱状にしまして、長さが二メートル、幅一メートル、高さ一メートルまたは六〇センチという二種類の箱状のものをつくりまして、それを積み木のように重ねて、長い列をつくって、水路の両脇に置きまして護岸に使うわけですね。

――その針金でつくった大きなカゴも、地元の人たちが手でつくったのですか。

中村　そうです。全体が二〇キロ以上の用水路のほぼ八割方が、両岸が蛇籠ですから、全体として三万個ぐらい要るわけですね。数百トンのワイヤーから、自分たちで蛇籠の生産工場と言えば大げさですけれども、ワークショップをつくって地元の人がつくりました。

一般的に言って、工事に採用されたのは日本の江戸時代に完成された技術です。昔は針金がなかったですから、竹籠と言って、竹のカゴの中に石を詰めて重ねるということをやった。蛇籠だけではなくて、水の取り入れ口の堰上《せきあ》げ方法とかも、九州の筑後川《ちくごがわ》というのは暴れ川で有名ですから、現地の条件とかなりよく似た点があるので、それを採用して斜め堰にした。水制、水を制すると書いて「スイセイ」と呼びますけれども、これもだいたい江戸時代に完成した技術で、自然の急流河川の護岸に使う。そういう伝統的な工法がふんだんに取り入れられているということなんです。

——それは中村さんが日本で調べて、「よし、この方法で」というふうに、向こうに持っていったというわけですね。

中村　日本に帰れば、暇さえあれば九州の河川を歩き回りまして、「これは使えそう」「これは使えそうもない」とか考えました。そしてもちろん、専門家の意見も入れて、自分で設計してやりましたですね。

——二四・三キロの全線が開通したときは、中村さん、どんなお気持ちでしたか。

中村　いやあ、やっぱりうれしかったですね。特に最後の三・五キロというのは難関中の難関で、これは、一年分の仕事を半年でやりましたね。それが真夏だったんです。真夏の砂漠というのは気温が高くて、働くほうも常時七〇〇名おりましたけれども、毎日、脱水で倒れる人が続出する中の仕事だったので、水が通ったときのうれしさといったら、それはなかったですね。

――その、最後の難関中の難関とおっしゃったのが、ガンベリ沙漠ですか。

中村　そうですね。そこがまた難所の一つでした。

――クナール河という川は大河ですよね。大河で水量豊富なのに、どうして、その川に近い農地がどんどん砂漠化していったのでしょうか。

中村　これは地球温暖化と関係があって、アフガニスタンの水源は、ほぼ全て山の雪解け水です。ところが近年、雪が解けていく。それも、雪はそこそこに降りますけれども、それが急激にドーッと時ならぬときに解けて、洪水は起こるけれども、そのあと水が少なくて、川の水が低くなって取り入れられないというところがたくさん出てきているわけです。さらに中小河川ではもっとそれが激しくて。もともと雪が少ない山、比較的低い山の麓《ふもと》では、その傾向が著しかったですね。

――工事中に、そのクナール河が増水して、せっかくつくった用水路が決壊したりしたこともあったそうですね。

中村　決壊しそうになったことがありました。まあ、本当に予測の付かないことが自然現象というのは多いですね。わたしたちとしては、六十年から七十年に一度の洪水に耐え得る水位を想定して水門をつくったけれども、それが急激な雪解け水で、あっという間に越えるという事態がありました。

――そういう困難に遭遇したときの、アフガニスタンの地元の人たちの受け止め方とか、態度というのはどうなのですか。

中村　自然災害そのものに対しては、これはもう天が決めたことだからといって、わりと寛容ですね。決壊が起こりそうになったり、あるいは決壊しても、みんな動揺しないです。いい意味で「壊れたら、また直せばいいや」という、まあ日本人みたいにせっかちではないんですね。それがいいように出て、粘り強くやって成功したという面もあったでしょうね。

――そのほかに、機能しなくなっていた既存の用水路の修復、取水口の修復もなさったんだそうですね。

中村　ええ、われわれの用水路では約三〇〇〇ヘクタールの農地が潤って、約一五万人の人々がそれで生活できるようになりましたけれども、川の水が必要なときに下がっているという状態は、周辺の村でも同じなわけですね。そのために、放っておけば砂漠化するというところがたくさんあって、取水口を建設するということで、そっちのほうもずいぶん助けましたね。

――そうすると、トータルの面積としては、どれぐらいを潤したということになるのでしょうか。

中村　だいたい、ナンガラハル州の北部全域にあたりますけれども、約一四〇平方キロですから一万四〇〇〇ヘクタールで、約七〇万人の人が難民にならずに済んだということです。[*]（*二〇二二年現在は、一万六五〇〇ヘクタールで約六五万人の命をつないでいます）

――先ほど最後の難関とおっしゃったガンベリ沙漠に、自立定着村をつくる計画が進んでいるそうですね。

中村　これはですね、用水路というのは、建物と違って「はい、できましたからおめでとう」と言って帰れるものではなくて、自然にはなかった川を引くのですから、しょっちゅう集中豪雨とか土石流にさらされるわけですね。つまり、常に維持補修が必要であるということ。しかも、一五万人の命綱ですから、これは何世代にもわたってメンテナンスが続けられなくてはならないということ。

この六年間で、蛇籠、石の組み方、こうすればこうなるという補修の方法を会得《えとく》している作業員が多いので、そういった人たちを集めまして、その村において世代から世代へと、維持補修の村をつくろうと。しかも、自分たちの開発した土地で自給自足の生活をしてもらおうと、こういった趣旨なんです。

――ガンベリ沙漠の一角に、自立定着村という村をつくって、そこにだいたい戸数《こすう》としては何戸ぐらいでしょうか。

中村　現在のところ約七〇戸七〇〇人ですね。大部分の作業員は付近の農民でしたけれども、村によっては、不幸なことに、その水の恩恵にあずかれない村があった。そういうところは耕せる土地を持っていないわけで、そういった人たち、つまり六年間ずっと働き続けてきた人たちに土地を与えて、自分で暮らしてもらいながら、しかも、何かあったときに修繕を頼むと、こういうことです。

――六年間ずっとその作業に、いろいろなかたちで関わってきた人たちでしょうから、その六年間というのが、その人たちにとってはとてもいい経験の積み重ねになっているわけですね。

中村　そのとおりですね。もちろん、それで家族を養う糧《かて》にもなりましたし。その六年間の間に、蛇籠の編み方、石の積み方、コンクリート作業の仕方、鉄筋の裁断、いろんな技術を、もう熟練工に近いぐらい会得しているわけですね。だから、これは長く続くのではないかと思います。*（＊二〇二一年現在、自立定着村は治安の問題があり、実現してはいません）

――愛着もあるでしょうしね。

中村　やっぱり農民であれば、砂漠化したところが緑の田畑になっていくというのは、それはうれしいものがあるでしょうね。

――もうすでに、かつて砂漠だったところに小麦が成長しているのですね。

中村　小麦だけでなくて、最近は米も可能になりまして、小麦、トウモロコシ、それからスイカ、いろんなものが採れるようになって。それで、いままで町から購入していたものが、逆に、スイカなんかを売って現金収入を得るということもあります。

――でも、それだけの大きな工事になると、アフガニスタン政府とか、あるいはアフガニスタンの地方自治体、あるいは地元の人々とのいろんな交渉の難しさも、ずいぶん経験なさったのではないですか。

中村　ええ、これはやっぱり、水、土地というのはどこに行っても争いの種で、みんな、それをもとに生活していますから必死になる。そのために、いろんなトラブルもあります。たとえば、土地収用の問題にしても、周辺の人は大喜びするけれども、用水路に土地を収用される人は、やっぱりこれはおもしろくないわけですね。あるいは、政治力を使ってちゃっかりと水だけいただこうとか。まあ、そんな人ばっかりではないですが、たいていの人は善良な人ですけれども、そういうトラブルもありました。

――そういうトラブルが起きたときの調整役と言いますか、みんなを納得させながら引っ張っていけるというのは、どういう人たちなのですか。

中村　かつては長老会（ジルガ）というのがあって、これは、村の有力者、および人格者のメンバーで構成されていて、そういった揉《も》め事《ごと》に対して、お互いに話し合って、不公平のないようにするという機能を持っていましたけれども、最近はそれが無政府状態で崩れて機能しない。行政から派遣された地区の警察署長に相当する人も、思うがままに力を行使できない。われわれ自身が矢面に立たざるを得ないという場面も、しばしばありました。

――では、身の危険を感じるようなこともあったのですか。

中村　ええ、まぐれで助かったということもあったでしょうね。

――もう一つ、マドラサという、これは学校と考えていいのでしょうか、それを建設していらっしゃるそうですね。

中村　普通の学校ではなくて、モスク付属の学校をマドラサというのですけれども、このマドラサがいいというのは、案外、日本人には誤解されていまして。これを「イスラム神学校」と訳すものですから、あたかも反政府勢力の温床であるかのごとく一時は思われていました。

しかし、実際、アフガニスタンの農村社会では、これはなくてはならないものです。さっき言った長老会も、ここで話し合いができる。それと、彼らはいい意味でも悪い意味でも宗教的な人たちで、金曜日に必ずモスクに来る。そこで、ケンカしている人たちの間に入って、彼らの宗教的な倫理道徳観に基づいて仲裁するとか、和睦《わぼく》するとかいう機能も持ち合わせた、地域の、いわば、行政に代わる一種のセンターです。

それに付属している学校がマドラサと呼ばれていて、必ずしもイスラム宗教教育だけではなくて、国語、算数、理科、社会、みんな教える。いいところは、貧しい子弟でもマドラサが積極的に引き取って、教育に責任を持つという機能がある。それに注目しまして、われわれはその建設を積極的に手伝ってあげたのです。

――もう完成したのですか。

中村　九五パーセント完成しています。あと、塀をつくったり門を置いたりという作業は残っていますけれども、それ以外はもう完成に近くて。学校は九月から開校して六〇〇名の子どもが通っています。

――もう開校しているのですね。先生はどうしているのですか。

中村　先生も始めからいます。というのは、そのマドラサは、実は近くにあったけれどもほぼ野外で勉強していた状態で、ちゃんとしたモスクもなかった。そこで、われわれが正式にきちんと立派なモスクをつくり、教室をつくったということで、先生たちは元からいたんです。

――子どもたちの中には、両親を亡くしたりした子どももいるというお話でしたね。

中村　われわれが注目しているのはそこで、学校教育そのものがどうこうという問題よりも、学校に行けない子どもがアフガニスタンでは非常に多い。町でブラブラしている子どもの大半が、空爆で両親を亡くしたり、孤児になったりというわけです。そういう人たちを引き取って、教育を受けさせる機会を与えられるのは、唯一、地域ではマドラサだけでしょうね。そういうことも念頭にあったですね。

—— いま六〇〇人、満杯ですか。

中村 ほぼ満杯ですね。断るのに忙しい状態です。遠隔地から通う子どもについては、宿泊施設がないとたくさんは収容できませんので、われわれの援助を待っているというところでしょうかね。

—— そういう活動を長く続けられているわけですけれども、去年(二〇〇八年)の八月に、日本人のワーカーの伊藤和也さん、三十一歳でしたが、殺害されるという事件がありました。この背景というのは、どの程度までわかっているのでしょうか。

中村 結論から言うと物盗りですね。というのは、アフガニスタン、パキスタン全体の治安が荒れていて、政治勢力の反乱だけではなくて、その狭間《はざま》で麻薬マフィアだとか、混乱に乗じた金目当ての誘拐《ゆうかい》だとかが非常に発生しているので、その一つだろうと。政治的背景は少ないというふうに、わたしも、村の人たちも見ています。

—— 犯人の一人は捕まったのですね。

中村 ええ、捕まりました。

――伊藤さんが亡くなったとき、地元の農民の方たちの受け止め方というのはどうでしたか。

中村　これはですね、わたしたち診療所も、開いて十七年か十八年になって、われわれ日本人は客人とみなされているわけですね。向こうで、客人には絶対に手を出さないというのは不文律です。それを犯されたということで、あのときは怒り心頭だったでしょうね。これは、アフガニスタンで一番してはいけないことの一つなんですね。

――伊藤和也さんの仕事は、主に農業支援だったのですか。

中村　試験農場で乾燥に強い作付けというのを研究していました。

――伊藤さんが撮った写真などを拝見すると、子どもたちととっても仲がよかったみたいですね。

中村　そうですね、彼は子ども好きでしたから。

――その事件があって、日本人ワーカーの総引き上げということになったわけですね。

中村　ええ、そうです。しかし、突然帰したということではなくて、三々五々帰すつもりで、そのとおりにしましたが。突然帰しては、それまでいたのに急にいなくなると、仕事が回らなくなるわけですね。二、三か月ずついて、そして戻っていったというのが実情ですね。

――戻られた日本人ワーカーの方たちは、いま、どうしていらっしゃいますか。

中村 数名は福岡にいてペシャワール会の事務局の手伝いをし、大半の人は仕事を探して、よそで働いています。

――以前に、戻られた方たちの記者会見を聞かせていただきましたが、状況が許せば戻りたいという意向を、けっこう多くの人たちが話していらっしゃいましたね。

中村 ええ、これはですね、現地で働いていれば、普通の若者ならそういった魅力と言いますか、感じるでしょうね。

自分のしている仕事がたしかに人のためになっているだとか、そういう実感がわく仕事なんです。だから、ただ生活するために働くというのではない。何か、現地の人間関係にしても、日本人にはない温かいものがあったりして、それで一種の郷愁《きょうしゅう》を感じるというのが普通でしょうね。

――中村さんも、長く、そうやって日本から来る若者たちを見ながら、現地の人たちとも一緒に仕事をしてこられたわけですけれども、日本から来るワーカーの人たちは、当然、ある種の覚悟というか、希望というか、そういうものを持って来るのでしょうけれども、実際に一緒に仕事をしてみてどうでしたか。

中村 これはですね、わたしは本音のほうを見るわけで。建て前としては、みんな悪いことは言わないですよ。しかし、見ていてですね、「この人は日本の社会に合わないな」という感じはしますよね。どうしても、この窮屈な社会で規定に縛られたり、あるいは、いまの日本で生活できないような人が、いわば、青い鳥を求めてくるというのですかね、そういうケースが多かった。

わたしは、それは悪いことではないと思うんです。動機は問わないというのは、わたしが貫いてきた一つの方針で。だいたい、来てから一、二年は役に立たない。役に立たないという言い方は悪いですけれども、慣れるのに、やっぱり、最低一、二年はかかる。それからが、地元の人に溶け込んで一緒に仕事ができるという状態ですね。だから、気長に、現地になるべく長くいて、そして役に立つようにということが一つの方針でした。これは、現地におれば変わるんですね。

それから、「最近の若いもんは」とか、わたしも昔は思っていましたけれども、あれを見ていると、最近は思わなくなりました。最近の若いもんが悪いのか、時代が悪いのかという議論がありますが、わたしは時代が悪いのだと思いますね。しかしいざとなれば、こういう人たちがどこかでこういう体験を出して、頑張るんだろうなということで、楽天的に見られるようになりました。

――そういう意味では、アフガニスタンのそういう仕事が、若者たちに、何か本質的なところで生きがいを感じさせたと。

中村　それは誰にも共通してあったことだと思いますよ。どういう言葉で語るかは、まあ、その人によって違いますけれど。やっぱり戻りたいというのは、日本には薄くなった何かがあるんでしょうね。

――中村さんは、いま一人で現地に残っていらっしゃるわけですね。

中村　ええ、日本人としては一人ですけれども、いままで二十年以上も働いてきた仲間というか、部下もおりますから、一人というのは語弊がありますが、日本人はわたし一人ということですね。

――お一人になって困ることはないですか。たくさんあるでしょうね。

中村　一人でおれば困ることはたくさんありますが、逆に言えば、それだけ日本人ワーカーに頼っていた部分もあったわけで、それが一人に集中したということですね。ということは逆に、このチャンスを利用して、現地の人たちに、日本人ワーカーがやっていた役割を担ってもらおうということで、この一年、ずいぶん彼ら自身も鍛えられたような気がしますけれどね。

たとえば、労務管理、お金のこと、これは不正が発生しやすいので、必ず日本人にさせていましたが、それも、現地に任せるというか、任せざるを得ないという事情になって。

「真夏の砂漠というのは気温が高くて、
働くほうも常時七〇〇名おりましたけれども、
毎日、脱水で倒れる人が続出する中の仕事だったので、
水が通ったときのうれしさといったら、
それはなかったですね」

「みんなの協力といいますか、
それで継続的におこなわれたということと、
それから、地元にいる人たちが、
それだけわれわれを
信頼してついてきてくれた
ということでしょうね。

もちろん、本人たちが、
生きるか死ぬかと、
生活できるかできないか
という場面の中で、
必死であった
ということも
あったと思いますね」

「心からお礼を言いたいですね。
支援してきた人の志は十分活かせたんじゃないかと、
わたしは思います」

はじめは彼ら自身も戸惑いましたけれども、それで経験をずいぶん積んだと思います。

――アフガニスタンはいまも戦時ですけれども、戦争の状況とか、あるいは治安状況ですね、中村さんが肌で感じられる部分でけっこうですが、どんなふうに考えていらっしゃいますか。

中村　いま、何かが壊れる直前だという実感を、みんな持っていますね。一つの終局の始まり、終わりの始まりだと。

具体的には、外国軍撤退がそう遠くはないと、みんなが感じはじめている。身内が死ぬ、罪もない人たちが空爆で外国人に殺される。今度は、それに反対するアフガン人がアフガン人を殺すという悪循環。これにみんな、もう辟易《へきえき》している状態。だから、もう戦いでは解決できないというのは、アフガン人、そこに駐留している外国兵を含めて、ほぼ一致した意見でしょうね。

――中村さんは、最初、パキスタン北西辺境州のペシャワールに入られたわけですよね。そこでお医者さんをしておられて、ペシャワール会の基地病院も、そのペシャワールにあるわけですが、その基地病院はどういう状況ですか。

中村　戦場が拡大して、パキスタンの北西部全体がもう内戦そのものなんです。ペシャワールも市街戦がほぼ日常化していまして、毎日、爆破事件で市民が数十名、数百名死ぬという状態。その中で、これでは日本人のワーカーは仕事ができないということで、すでに約一年前、全員引き上げさせましたけれども、病院そのものは続いていました。ところが、日本人が戻ってくる可能性が向こう数年間はないだろうということで、地元の有志団体に譲るというかたちを取ったのが、今年（二〇〇九年）の七月のことでした。

有志は頑張ってやろうとしたんですけれども、さっき言った政治的な事情の中で、通勤が難しくなる、患者が病院に来られなくなるという状態が長く続いていまして、正式には閉鎖していませんけれども、実質上、診療は停止しているという状態ということですね。

――やがては基地病院を移すということも考えていらっしゃるのですか。

中村　これはもうすでに決定していまして、ペシャワールは当分無理だろうと。しかも、わたしたちが診ておった、病院の最も大きな機能というのは、ハンセン病患者の治療センターでした。それがために困る人がたくさん出てきているわけです。しかも、アフガン人患者が最も困っていた。それでわたしたちは、ハンセン病の診療機能だけはアフガニスタンのジャララバードに移転しようということで、いま、計画が進行中です。

基地病院の機能のうち、最も重点を置いて、出発点でもあった、ハンセン病の治療の機能を、ペシャワールからジャララバードに移して、患者に迷惑がかからないようにすると。それが責任というものだろうということですね。

――パキスタンのペシャワールにあった基地病院には、アフガニスタン側からも治療を求めて、多くの患者さんたちが来ていたわけですね。

中村　どちらかというと、アフガニスタンからのほうが多かった。北西辺境州とアフガニスタンの東部というのは、ほぼ一体の状態で民族も同じです。パキスタンにはそれなりの医療機関があっても、アフガン人患者については、それが与えられないということもあってわたしたちの病院が発足したわけですから。これで本来の目的は見失わずに続けられるのではないかという希望は持っています。

――国境あってなきがごとしということなんでしょうか。その国境のあたりがいま、非常に空爆が激しくなっていますね。

中村　ええ、それがために、いままで自由自在に行き来していた国境がそうでもなくなったので、アフガン人の患者がたいへん困っているということなんですね。

――その基地病院のほかに、診療所が、多いときはどれぐらいあったのですか。

中村　多いときは、空爆中までは一一か所ありました。

――アフガニスタン側とパキスタン側に、ですか。

中村　そうです。それが次々と、戦禍のために、その診療所のあった地域が戦場化するということがあって、どんどん減ってきまして、ついに一か所を残すのみとなったというのが現実です。

——その一か所はどこにあるのですか。

中村　ダラエヌールというところで、伊藤和也さんが亡くなったところですけれども。それはかなり歴史が古くて、十八年間機能しています。

——そこは、アフガニスタン人のお医者さんが治療に当たっているのですか。

中村　ええ、アフガン人医師が二名、それから看護師が三、四名、そのほか検査技師、ワクチン接種係だとか、そういう方々が頑張って、前よりはしっかりした診療ができるようになったと思いますね。

——お医者さんとしてパキスタンのペシャワールに渡って二十五年になるわけですが、振り返って、いまの心境というのはいかがですか。

中村　うーん、どうなんですかね、生きてればいろんなことがあるもんだという感じですね。よりにもよって、わたしたちの活動地域、パキスタンのペシャワールから始まって北西辺境州、さらにアフガニスタンと、ここが台風の目になるとは思ってもなかったわけで。まあ、こんなもんかな、という。しかしですね、一度手をつけた以上は、なるべく責任を持って、最後までというふうに思っています。

——そういう中で、用水路も全線開通というところにこぎつけたわけですよね。

中村　ええ、これもやっぱり、みんなの協力といいますか、それで継続的におこなわれたということと、それから、地元にいる人たちが、それだけわれわれを信頼してついてきてくれたということでしょうね。もちろん、本人たちが、生きるか死ぬかと、生活できるかできないかという場面の中で、必死であったということもあったと思いますね。

――日本でペシャワール会を中心にして、中村さんたちの活動を支える人たち、日本から支援してくれる方たちに対して、いまどういうお気持ちでしょうか。

中村　これはですね、その支援がなければ、いくら立派なことを言ったって続かなかったわけで、ここまで、好き勝手というか、自由にいろんなことをして、たくさんの人たちが助かった。これも日本のサポートがなければ、みんなけっして豊かな人たちではないんです、そういう人たちがなけなしのお金を出して、サポートしてくれた。心からお礼を言いたいですね。支援してきた人の志《こころざし》は十分活かせたのではないかと、わたしは思います。

――その二十五年間やってこられた中で、中村さんご自身も、何か「ああ、よかった」という思いがあるでしょうか。

中村　ええ、よかったですね。

わたしは、幸運だったと思いますね。

向こうにおれば、いわゆる欲望というのは、

みんな、普通の人はあんまり持っていないですね。

まず健康で命があること、

三度、三度、ご飯が食べられること、

家族が一緒におれること、

これ以上の望みを持つ人のほうが少ない。

そういう中で暮らしていて、まあ、

向こうふうになってくるわけですね。

あんまり大声で言うと
誤解も生みますので言いませんけれども、
わたしは向こうで働いて、
楽天的な気持ちになれる。
命を落としてもくよくよしない
というこの楽天性、
これはやっぱり向こうにいて幸せだと思いますね。

終章

来たる年も力を尽くす

二〇一九年十二月四日発行「ペシャワール会報」一四二号より（中村哲73歳）

（原題「凄まじい温暖化の影響――とまれ、この仕事が新たな世界に通ずることを祈り、来たる年も力を尽くしたい」）

全ての力を川周りへ

川とにらめっこしているうちに寒くなり、河川工事の季節が再び巡ってきました。みなさん、お元気でしょうか。

今冬の川の工事は、カマ第一堰右岸の補強工事に加え、マルワリード堰の抜本的な改修があります。既《すで》に七月から準備し、川の水が下がる十月下旬、「全ての力を川周りへ」と、一気に取りかかりました。カマ第一堰は最新の堰でしたが、対岸に予期せぬ浸蝕《しんしょく》が発生したため、急遽《きゅうきょ》決定したものです。増水期の三月までに、全ての必要な工事を速《すみ》やかに終えねばなりません。

最大の標的はマルワリード堰で、堰だけでなく用水路の本格的な改修が予定されています。これは建設後十六年を経て、ある程度の補強が必要になった部分があり、昨年秋の鉄砲水被害からの復旧もあります。また、何よりも今後の維持の上で、私たちが範《はん》を垂《た》れておく必要があります。

人々の生活の安全を

マルワリード用水路は山腹を這《は》うように作られています。鉄砲水や土石流が通る谷をいくつも通過します。谷といっても、四千メートル級の山から流れてくる洪水や土石が、信じられないような勢いで下ってきます。日常的に通過する所はある程度対策が立てられますが、最近の降雨は予測が不可能で、大丈夫と思っていた箇所が鉄砲水で決壊したり、通過水量が予想をはるかに超えたりで、その都度《つど》マメに補修しながら守る以外にないのです。

普通の国なら行政が責任をもって保全するのでしょうが、まだまだ途上のようです。ここでは安全とはテロ対策のことばかりで、人々の生活の安全が考慮されてきたとは思えません。今は地元民と協力しながら、将来の河川行政の確立を待つ他はないようです。

猛烈な勢いの沙漠化に抗して、今はとにかくこの希望を守り育てるべきだと考えています。

「緑の大地計画」はさらに拡大の勢いで、来年からはバルカシコート堰、ゴレーク堰が着手されます。

バザールが立ち並んで大混雑

このところ、作業現場までの道路が信じがたい大混雑で、いつの間にか延々とバザールが立ち並び、それが常態となってしまいました。以前には考えられないことです。特にジャララバードからカマ郡に至る約二区間がひどい状態です。

考えれば当然で、農地が復活した私たちの作業地（ジャララバードの北部三郡）が州内で最も住みやすい場所になっているうえ、これまで最大の避難先であったパキスタンが難民の越境を厳しく取り締まり、もう逃げていく場所がないからです（パキスタン自身が何年も不作と不況に喘《あえ》いでいます）。

干ばつは確実に進行

水の仕事を始めてから十九年、干ばつは動揺しながら確実に進行しているように思われます。かつて豊かな農村地帯で聞こえたソルフロッド郡は沙漠化で見る影もなくスピンガル山麓一帯は僅《わず》かにドゥルンタダムからの用水路が細々と潤すにとどまっています。川沿いも気候変化で渇水と洪水が併存し、年々荒れていきます。温暖化の影響はここアフガニスタンでも凄まじく、急速に国土を破壊しています。

それでも依然として、「テロとの戦い」と拳を振り上げ、「経済力さえつけば」と札束が舞う世界は、沙漠以上に危険で面妖《めんよう》なものに映ります。こうして温暖化も進み、世界がゴミの山になり、人の心も荒れていくのでしょう。一つの時代が終わりました。

とまれ、この仕事が新たな世界に通ずることを祈り、真っ白に砕け散るクナール河の、はつらつたる清流を胸に、来たる年も力を尽くしたいと思います。

良いクリスマスとお正月をお迎えください。

二〇一九年十二月　ジャララバードにて

あとがきにかえて
――わが内なるゴーシュ　愚直さがふみとどまらせた現地

「イーハトーブ賞（宮沢賢治学会主宰）受賞に寄せて」

二〇〇四年十月十三日発行「ペシャワール会報」八一号より（中村哲57歳）

セロ弾きのゴーシュ

みなさん、お元気でしょうか。

まず授賞式に出席できなかったことを深くお詫び申し上げます。現在アフガニスタンでは未曾有《みぞう》の旱魃《かんばつ》が更に進行し、数百万人が難民化していると言われています。この旱魃で数え切れぬ人々が飢餓に直面していました。実際、多くの人々が私の目前で命を落としました。

しかし、四年前の「アフガン空爆」以後、華々しい「復興支援」の掛け声にもかかわらず、徒《いたずら》に政治情勢や国際支援のみが話題となり、人々の本当の困窮《こんきゅう》はついに国際世論として伝わらなかったのです。そこで私たちとしては、国民の八割以上が農民であるアフガニスタンで、何とか現地の主食である小麦の植付け前に、多くの土地を潤そうと、一年半前から用水路建設に着工、今この挨拶を現場で書いています。小生が居ないと進まぬことが余りに多く、どうしてもここを離れられません。おそらく

「ヒデリノトキハナミダヲナガシ
サムサノナツハオロオロアルキ」

というくだりをご記憶の方ならば、理解いただけるかと、非礼をば省みず、書面で受賞の辞をお送りします。

小生が特別にこの賞を光栄に思うのには訳《わけ》があります。

この土地で「なぜ二〇年も働いてきたのか。その原動力は何か」と、しばしば人に尋ねられます。人類愛というのも面映《おもはゆ》いし、道楽だと呼ぶのは余りに露悪的だし、自分にさしたる信念や宗教的信仰がある訳でもありません。良く分からないのです。でも返答に窮したときに思い出すのは、賢治の「セロ弾きのゴーシュ」の話です。セロの練習という、自分のやりたいことがあるのに、次々と動物たちが現れて邪魔をする。仕方なく相手しているうちに、とうとう演奏会の日になってしまう。てっきり楽長に叱られると思ったら、意外にも賞賛を受ける。

私の過去二〇年も同様でした。決して自らの信念を貫いたのではありません。専門医として腕を磨いたり、好きな昆虫観察や登山を続けたり、日本でやりたいことが沢山ありました。それに、現地に赴く機縁からして、登山や虫などへの興味でした。

天から人への問いかけ

幾年か過ぎ、様々な困難——日本では想像できぬ対立、異なる文化や風習、身の危険、時には日本側の無理解に遭遇し、幾度か現地を引き上げることを考えぬでもありませんでした。でも自分なきあと、目前のハンセン病患者や、旱魃にあえぐ人々はどうなるのか、という現実を突きつけられると、どうしても去ることが出来ないのです。無論、なす術《すべ》が全くなければ別ですが、多少の打つ手が残されておれば、まるで生乾きの雑巾《ぞうきん》でも絞るように、対処せざるを得ず、月日が流れていきました。自分の強さではなく、気弱さによってこそ、現地事業が拡大継続しているというのが真相であります。

よくよく考えれば、どこに居ても、思い通りに事が運ぶ人生はありません。予期せぬことが多く、「こんな筈《はず》ではなかった」と思うことの方が普通です。賢治の描くゴーシュは、欠点や美点、醜《みにく》さや気高《けだか》さを併せ持つ普通の人が、いかに与えられた時間を生き抜くか、示唆《しさ》に富んでいます。遭遇する全ての状況が——古くさい言い回しをすれば——天から人への問いかけである。それに対する応答の連続が、即《すなわ》ち私たちの人生そのものである。その中で、これだけは人として最低限守るべきものは何か、伝えてくれるような気がします。それゆえ、ゴーシュの姿が自分と重なって仕方ありません。

私たちは、現地活動を決して流行りの「国際協力」だとは思っていません。地域協力とでも呼ぶ方が近いでしょう。天下国家を論ずるより、目前の状況に人としていかに応ずるかが関心事です。

世には偉業をなした人、才に長けた人はあまたおります。自分のごとき者が賞賛の的になるなら、他にも……と心底思います。しかし、この思いも「イーハトーブ」の世界を心に刻んだ者なら、

「この中で、
馬鹿で、まるでなってなくて、
頭のつぶれたような奴が一番偉いんだ」（「どんぐりと山猫」）

という言葉に慰《なぐさ》められ、一人の普通の日本人として、素直に受賞を喜ぶものであります。どうもありがとうございました。

中村哲先生の声が聴こえる

――『わたしは「セロ弾きのゴーシュ」』刊行に寄せて

ペシャワール会会長／PMS総院長　村上　優

中村哲先生は一九八四年に日本の医療NGOより派遣される形でパキスタン北西辺境州（当時）にあるペシャワール・ミッション病院へ赴任しました。その前年に、彼は友人などに呼び掛けてミッション病院での活動を支援するペシャワール会を立ち上げました。派遣母体であるNGOは医療活動に対して財政的な支援ができないために、自ら会を組織したのです。その時から、医師として赴任するだけではなく、長くその地にとどまる展望（覚悟）があったのでしょう。しかし、それが二〇一九年に亡くなるまで、そして亡くなってからも継続される事業になるとはさすがに想像していなかったと思います。現地での言い尽くせぬ困難、次々に起こる出来事、そして何より人々との交歓《こうかん》に真心《まごころ》を込めて向かい合っていくうちに結果としての現在があります。

この度、中村医師がNHKの「ラジオ深夜便」に残した音声（一九九六年から二〇〇九年までの六回）を柱とする一冊の本が刊行されました。二〇〇三年に宮沢賢治学会よりイーハトーブ賞を授与され、その授賞式にしたためた文章「わが内なるゴーシュ」（ペシャワール会報八一号）と、二〇一九年十二月四日発行のペシャワール会報一四二号に掲載された絶筆「来たる年も力を尽くす」が添えられています。十二月四日は中村先生が亡くなった日で、ペシャワール会事務局は会報発送作業を予定していました。ボランティアの皆さんが茫然自失《ぼうぜんじしつ》、涙をぬぐいながら、先生の最後の声を届けるために力を振り絞っていたことが思い出されます。

初めて「ラジオ深夜便」に出演した一九九六年頃の中村先生は、すでに当初のNGOの契約期間は終了、またペシャワール・ミッション病院も出て、後にPMS（平和医療団・日本）となるNGOを現地のアフガニスタンやパキスタン関係者と立ち上げていました。一九九六年はハンセン病根絶への取り組みとアフガニスタン難民への医療から農村無医地区の医療構築が中心です。二〇〇〇年からは大旱魃に直面、水を求めて井戸掘りから用水路・灌漑事業に活動を拡げていくことになります。その間にアフガン空爆などもあり、「命をつなぐ」ことに具体的に、迅速に、自身が先頭になって立ち働いていました。

そうした活動を、訥々《とつとつ》と言ってもいいような語り口で、わかりやすく話されているのがこの本の成果で、多くの若い方に読んでいただきたいと願っています。優れた文章家でもあった中村先生の著書は十冊以上あり、彼《か》の地での一貫した行動から紡《つむ》ぎだされる深い思索、心を揺さぶる表現が魅力的ですが、この本は話し言葉が文字になっていますので、いつもの中村先生と話している、先生の声を直接聴いている——そう錯覚するほど親しみやすさにあふれています。

中村先生は常にひかえめで内向き、大言壮語《たいげんそうご》の正反対の佇《たたず》まいですが、その事業規模は壮大です。確かに彼の活動は、二〇〇一年のアフガン空爆時を除くと、パキスタン北西辺境州から東部アフガニスタンの農村や山岳地域に限られています。しかしながら、貧困、戦争、そして地球温暖化による気候変動、旱魃や洪水などの自然の猛威の中で、人として生きていくための光や希望を多くの人々に与えてくれました。知性と深い思索に支えられた中村先生の行動が、日本に住む私たち、いや世界の人々にとって大切な啓示となると信じています。

中村先生は自らを語るとき、しばしば宮沢賢治を引用していました。「注文の多い料理店」「セロ弾きのゴーシュ」「雨ニモマケズ」「永訣《えいけつ》の朝」「どんぐりと山猫」などは直接引用していますし、「なめとこ山の熊」「銀河鉄道の夜」「風の又三郎」なども象徴的に思い浮かべています。その一つ一つを解説することはしませんが、本書に掲載された「セロ弾きのゴーシュ」はその代表と言えるでしょう。

私は「雨ニモマケズ」の詩に中村先生の思想を感じます。

雨ニモマケズ
風ニモマケズ
雪ニモ夏ノ暑サニモマケヌ
丈夫ナカラダヲモチ
慾ハナク
決シテ瞋《イカ》ラズ
イツモシヅカニワラッテヰル
（中略）
ヒドリノトキハナミダヲナガシ
サムサノナツハオロオロアルキ
ミンナニデクノボートヨバレ
ホメラレモセズ
クニモサレズ

サウイフモノニ
ワタシハナリタイ

中村先生は「ヒデリ（原文は「ヒドリ」）ノトキハナミダヲナガシ／サムサノナツハオロオロアルキ」を引用されましたが、私はその後の五行「ミンナニデクノボートヨバレ／ホメラレモセズ／クニモサレズ／サウイフモノニ／ワタシハナリタイ」に最も共感します。愚直に彼の地にとどまり続けた中村先生の姿が髣髴《ほうふつ》とするからです。先生の座右《ざゆう》の銘《めい》の一つ「一隅を照らす」がそうであったように……。

中村先生の初期の著作には、貧しさ、戦争、病気、地球温暖化による旱魃などの不条理に対する怒りの表現がみられ、宮沢賢治の詩「春と修羅《しゅら》」の中の「おれはひとりの修羅なのだ」という一節を想い起こします。しかし、三十五年間にわたって医療・水事業・農業へと活動を進めていく中で、自然との和解を穏やかに説かれるまでに昇華《しょうか》されました。生前最後の著書『天、共に在り』は「自然から遊離するバベルの塔は倒れる。人も自然の一部である。それは人間内部にもあって生命の営みを律する厳然たる摂理であり、恵みである。科学や経済、医療や農業、あらゆる人の営みが、自然と人、人と人の和解を探る以外、我々が生き延びる道はないであろう。それがまっとうな文明だと信じている。その声は今小さくとも、やがて現在が裁かれ、大きな潮流とならざるを得ないだろう」と結ばれています。

私個人のエピソードで申し訳ないのですが、三・一一東日本大震災の折に、当時勤務していた琉球《りゅうきゅう》病院職員と共に「こころのケアチーム」として一年間岩手県宮古《みやこ》市に伺いました。その時、中村先生ならどうするかと思案し、「雨ニモマケズ」を心に刻んでチームの目標に掲げ、デクノボーに徹することにしました。それが、大震災という圧倒的な自然の力を前に、ともすれば襲われそうになる無力感を力に変えてくれたのです。その場にいることの大切さを学んだだけでなく、若いチームがその後も宮古市のスタッフの方々と交流を継続しているのを目《ま》の当たりにして、中村イズムの普遍性、どこにでも通用することを再確認しました。

この稿を書いている間にもタリバンによるカブール無血開城が報道されています。私たちは、中村先生がこれまでそうされていたように、「水が善人・悪人を区別しないように、誰とでも協力し、世界がどうなろうと、他所に逃れようのない人々が人間らしく生きられるよう、ここで力を尽くします。内外で暗い争いが頻発する今でこそ、この灯《あか》りを絶やしてはならぬと思います」（ペシャワール会報一二六号）という言葉を胸に、どのような政権になろうとも、現地の事業を続けてまいります。

末筆ながら、『天、共に在り』に引き続き、本書の刊行に多大なご尽力をいただいたＮＨＫ出版の加藤剛さんに心からの御礼を申し上げます。また、「ラジオ深夜便」のご関係者各位にも謝意を表します。ありがとうございました。

二〇二一年八月十五日

ペシャワール会

中村哲医師が総院長のPMS（平和医療団・日本、旧称＝ペシャワール会医療サービス）の現地活動を支援する目的で結成されたのがペシャワール会です。福岡市に事務局を置いて会報の発行など、広報・募金活動をおこなっています。お問い合わせは、左記の事務局宛にお願いします。年会費は、学生会員一口千円以上、一般会員一口三千円以上、維持会員一口一万円以上。

事務局

〒八一〇－〇〇〇三　福岡県福岡市中央区春吉一－一六－八　VEGA天神南六〇一号
電話（〇九二）七三一－二三七二　　FAX（〇九二）七三一－二三七三
［入会手続］年会費を郵便振替でお送りください。
口座名義＝ペシャワール会　郵便振替番号＝〇一七九〇－七－六五五九

帯写真およびカラーページ写真

［帯］
緑がよみがえったガンベリ沙漠を背に（2019年）

［第一章］
p.1 上下　ハンセン病患者の診察（1980年代後半）
p.2-3　パキスタンの北部山岳地帯へ移動診療に向かう（1995年）
p.4　アフガニスタン山岳の診療所開設前に現地でスタッフたちと（1980年代後半）

［第二章］
p.1　川にかろうじて残った泥水を飲む子ども（2000年）
p.2-3　十数名の村人が掘削作業をしている灌漑井戸の底に下りる（2001年）
p.4　灌漑井戸から汲み上げた水を農地に放つ（2002年）

［第三章］
p.1　大旱魃と空爆下で続けられた井戸掘り（2001年）
p.2 下　用水路建設の掘削工事を見回る（2003年）
p.2-3　自ら重機を操り、堰をつくるために巨礫を積む（2018年）
p.4 上　工事総監督としてブルドーザーに乗り、川を渡って現場へと向かう（2008年）
p.4 下　人海戦術でおこなわれた用水路建設（2003年）

［第四章］
p.1　蛇籠によって組まれた取水口と用水路（2004年）
p.2-3　村人が持ってきたレントゲン写真を自然光で読影（2003年）
p.4　蛇籠工と柳枝工で頑丈につくられた用水路（2009年）

［第五章］
p.1　用水路FG区への通水を喜ぶ（2005年）
p.2-3　サツマイモが育った試験農場で（2003年）
p.4　水をたたえた池からガンベリ沙漠を望む（2010年）

［第六章］
p.1 上下　用水路最終地点の突貫工事。その翌日に全線開通して喜ぶ作業員たち（2009年）
p.2-3　ガンベリ沙漠を背に、植樹したメンバーたちと（2012年）
p.4 上下　用水路建設前（2008年）と用水路開通後（2019年）のガンベリ沙漠

放送記録

- ラジオ深夜便 こころの時代「ハンセン病根絶をめざして 中村哲～ペシャワールからの報告」（1996年2月22日放送）
- ラジオ深夜便 こころの時代「ものいわぬ民の命を」（2002年2月16日放送）
- 関西発ラジオ深夜便 こころの時代「アリの這う如く」（2004年6月5日放送）
- 関西発ラジオ深夜便 こころの時代「命の水」中村哲（2005年8月20日放送）
- 関西発ラジオ深夜便 こころの時代「難民と真珠の水」
PMS総院長 中村哲（2006年9月16日放送）
- 関西発ラジオ深夜便 こころの時代「開通した命の用水路」
PMS総院長 中村哲（2009年12月5日放送）

中村 哲 なかむら・てつ

1946年福岡県生まれ。医師・PMS（平和医療団・日本）総院長。九州大学医学部卒業。日本国内の病院勤務を経て、84年にパキスタンのペシャワールに赴任。以来、ハンセン病を中心とした貧困層の診療に携わる。86年よりアフガニスタン難民のための医療チームを結成し、山岳無医地区での診療を開始。91年よりアフガニスタン東部山岳地帯に3つの診療所を開設し、パキスタン、アフガニスタン両国にまたがり活動する。98年には基地病院PMSを設立し、2000年からは診療活動と同時に、大旱魃に見舞われたアフガニスタン東部での水源確保のために井戸掘削とカレーズ（地下水路）の復旧を行う。03年より09年にかけて全長25キロメートルに及ぶ灌漑用水路を建設。その後も砂嵐や洪水と闘いながら農地の復旧を進めた。マグサイサイ賞「平和と国際理解部門」、福岡アジア文化賞大賞など受賞多数。アフガニスタン政府から名誉市民権を授与。著書に『天、共に在り』『ペシャワールにて』『医者 井戸を掘る』『医者、用水路を拓く』『希望の一滴』など。2019年12月4日、アフガニスタンのジャララバードで凶弾に倒れる。享年73。

写真協力　PMS（平和医療団・日本）
編集協力　湯沢寿久
図版作成　小林惑名

わたしは「セロ弾きのゴーシュ」
――中村哲が本当に伝えたかったこと

2021年10月25日　第1刷発行
2021年12月30日　第2刷発行

著　者　中村 哲
©2021 Nakamura Naoko
発行者　土井成紀
発行所　NHK出版
〒150-8081 東京都渋谷区宇田川町41-1
電話　0570-009-321（問い合わせ）
　　　0570-000-321（注文）
ホームページ https://www.nhk-book.co.jp
振替 00110-1-49701
印刷・製本　共同印刷

Printed in Japan
ISBN978-4-14-081879-4 C0095

一隅を照らし続けた人生

天、共に在り
アフガニスタン三十年の闘い

中村 哲

**困っている人がいたら手を差し伸べる
——それは普通のことです。**

1984年よりパキスタン、アフガニスタンで支援活動を続けた医師・中村哲。治療のために現地へ赴いた日本人の医者が、なぜ1600本もの井戸を掘り、25・5キロにもおよぶ用水路を拓くに至ったのか？「天（自然）」と「縁（人間）」をキーワードに、その波乱に満ちた半生をつづった、著者唯一の自伝。

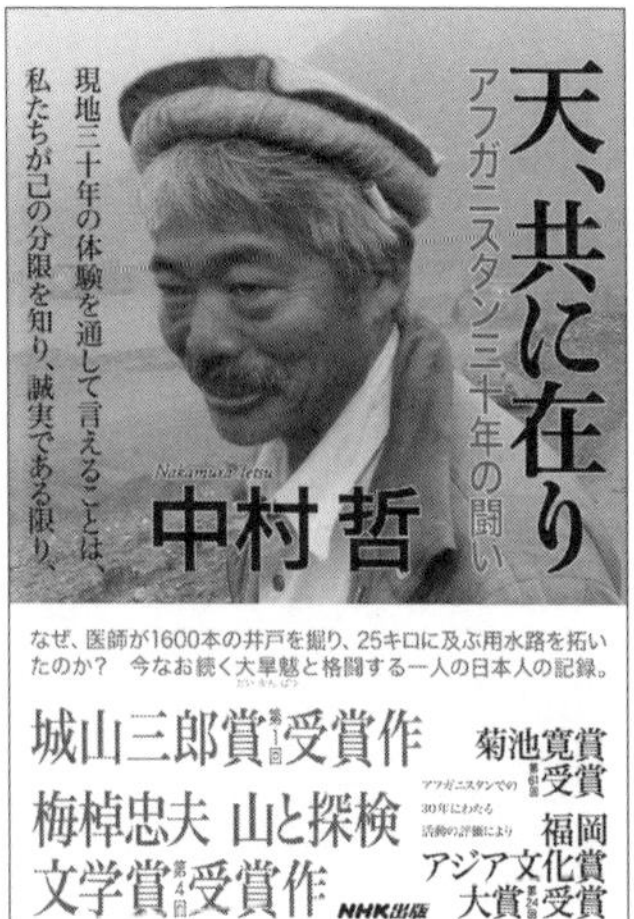

NHK出版